Mémoire et grand âge

Comment mieux accompagner ?

Bibliothèque
Partage & Vie

Mémoire et grand âge

Comment mieux accompagner ?

Sous la direction de Roger-Pol Droit,
Jean-Yves Dayt et Noémi Poirier

puf

ISBN : 978-2-13-087380-8
Dépôt légal : novembre, 2024

170 bis, boulevard du Montparnasse, 75014 Paris

Préface
Au plus près du métier et des résidents

Dominique Coudreau[1]

Les réflexions et travaux sur l'éthique au quotidien et les publications qui les accompagnent ont naturellement, dès leur commencement, beaucoup intéressé le conseil d'administration et les quinze administrateurs bénévoles de la Fondation Partage & Vie. Mais ces réflexions ne font pas partie, au sens strict, de leurs compétences institutionnelles.

Elles jouent pourtant un rôle important : par les témoignages qu'elles leur apportent sur le travail des équipes au quotidien auprès des résidents et de leur famille, elles vivifient le sens profond de la mission des administrateurs. Ce faisant, elles confortent le modèle original mais fragile du secteur à but non lucratif dans la gestion des établissements médico-sociaux et sanitaires, dans lequel s'inscrit notre Fondation reconnue d'utilité publique.

Le mandat des administrateurs inclut une dimension importante de gestion et de contrôle. Lorsqu'on a la chance, comme à Partage & Vie, d'avoir des équipes opérationnelles aguerries, ce qui est attendu

1. Président du Conseil d'administration de Partage & Vie.

du conseil, c'est d'abord de contrôler ou d'approuver formellement des décisions préparées par ces équipes : au jour le jour, ce rôle peut avoir un côté ingrat, parfois éloigné des motivations qui ont poussé les administrateurs à s'engager au conseil de la Fondation.

Il se trouve que justement les travaux sur l'éthique au quotidien apportent aux administrateurs des témoignages directs sur la façon dont les choses se passent au plus près des équipes de terrain et de leur métier au service des résidents et des patients. On s'y trouve confronté à des questions à régler très concrètes ; les administrateurs y retrouvent beaucoup des motivations qui les ont conduits, justement, à devenir administrateurs.

Parce qu'on a ces convictions, mais qu'on ne les retrouve pas toujours dans le travail au quotidien du conseil, écouter et lire les témoignages présentés dans cet ouvrage sur l'éthique au quotidien est d'un très grand intérêt, il faut le répéter, pour la Fondation.

En confortant les administrateurs, et partant la gouvernance, dans le choix de s'engager dans l'action de la Fondation, c'est tout le modèle à but non lucratif dont ces travaux pérennisent la place et l'influence.

INTRODUCTION

Pourquoi la mémoire ?

Roger-Pol Droit[1],
Jean-Yves Dayt[2] *et Noémi Poirier*[3]

La réflexion éthique de la Fondation Partage & Vie, dont ce cinquième volume prolonge les travaux, s'est donnée pour fil directeur, au cours de l'année 2024, la question de la mémoire dans ses relations avec l'accompagnement des personnes de grand âge.

Les raisons de ce choix sont multiples.

La plus simple et la plus évidente est le lien très fort qu'entretiennent vieillissement et mémoire. On ne saurait réfléchir au grand âge et aux moyens d'améliorer son accompagnement – afin de le rendre plus digne, mieux ajusté, plus respectueux des individus et de leurs singularités – sans mettre la question de la mémoire au cœur des préoccupations et des échanges.

Parce que la vieillesse, plus que tout autre temps de la vie, met en jeu la mémoire. À mesure que les années passent, un puissant travail de remaniement des souvenirs se produit. Indépendamment des

1. Philosophe, conseiller de Partage & Vie pour la réflexion éthique.

2. Directeur des établissements d'Yvetot et de Duclair (Partage & Vie).

3. Responsable de la résidence L'Archipel (Partage & Vie).

dysfonctionnements et des pathologies, même en l'absence de troubles graves, la mémoire se transforme avec l'avancée en âge. L'avenir se réduisant, le passé prend une importance nouvelle. On récapitule son existence, on fait le bilan, on revit des scènes auxquelles on ne songeait plus. Des épisodes lointains reviennent, deviennent parfois obsédants. D'autres traces du passé, souvent plus récentes, s'estompent ou même s'effacent.

Voilà pourquoi la vieillesse est par excellence le temps où l'on raconte ses expériences anciennes, où l'on transmet le témoignage d'une époque différente, où l'on rédige ses « mémoires ». Au risque de paraître enfermé dans le passé, décalé par rapport au présent, voire incapable d'imaginer l'avenir. Il y a bien longtemps que cette prédominance de la mémoire pour le grand âge est connue et décrite, et elle n'a bien sûr rien, en elle-même, de pathologique.

En revanche, un autre versant du lien entre mémoire et grand âge concerne les dysfonctionnements de la mémoire, qu'ils soient relativement bénins ou gravement perturbants. Ce déclin des capacités mnésiques a fortement capté l'attention au cours des dernières décennies, avec l'accroissement du nombre de personnes très âgées, l'affinement des critères d'observation et les progrès accomplis dans la connaissance des pathologies.

L'ÉTHIQUE INVENTÉE HEURE PAR HEURE

Dans ce registre, à la fois très vaste et très diversifié, se posent au quotidien quantité de questions éthiques et pratiques qu'il faut tenter de résoudre, souvent sans trop savoir comment. En effet, dans les cas de dysfonctionnements importants de la mémoire, des confusions s'installent chez les personnes entre plusieurs périodes de leur vie. À tel point que certains semblent vivre dans une sorte de « monde parallèle », une réalité qui est « la leur », mais qui ne coïncide plus avec la réalité commune.

Que faut-il faire ? Réapprendre, chaque matin, à cette femme qui attend son mari, qu'elle est veuve ? Expliquer de nouveau à cette autre qui croit que sa mère doit venir la chercher, que cette dernière est décédée depuis longtemps ? Faut-il réactiver leur douleur, leur faire revivre, jour après jour, un traumatisme qu'elles ont effacé, pour les ramener à la réalité ? Ou bien faut-il entrer dans leur monde, faire comme si, mentir et valider une fiction ? Ou faut-il plutôt tenter de parler d'autre chose, détourner la conversation, inventer un dérivatif ? Pour quel succès ou quel échec, quelles conséquences ? Avec quels scrupules ?

Sous mille formes, ces dilemmes moraux se posent quotidiennement aux proches, aux aidants, aux familles, comme aux soignants et aux professionnels de l'accompagnement. Les situations ne sont jamais tout à fait les mêmes, les circonstances varient, l'intensité des troubles également. Mais toutes les personnes qui accompagnent d'une façon ou d'une autre des résidents qui ont des troubles de la mémoire partagent, chacun à une place différente, les mêmes interrogations : « Ai-je bien agi ? Ou mal ? Ai-je aidé ou nui ? Ai-je empiré ou amélioré la situation ? » Questions d'autant plus perturbantes qu'elles ne trouvent pas, le plus souvent, de réponse unique et garantie.

La plupart du temps, il faut improviser. Inventer le geste qui peut rassurer, créer la remarque qui diminue l'angoisse. Sans être sûr d'y parvenir, sans pouvoir s'appuyer sur des recettes toutes prêtes, ni des règles fixes. Face aux comportements provoqués par les troubles de la mémoire, qui peuvent être tellement déconcertants, inattendus, déconnectés, chacun se sent un jour ou l'autre démuni. Voilà pourquoi nous avons choisi de travailler sur ce thème. En espérant être utiles.

UNE CRÉATION COLLECTIVE

Nous n'avons pas la prétention de résoudre les questions de fond, ni de dissiper les nombreuses zones d'ombre qui demeurent. Mais nous voulons aider à faire prendre conscience de l'ampleur des problèmes et permettre de discerner des pistes à envisager pour avancer. En partant de cas concrets, en demandant à des professionnels de témoigner de leurs expériences, des situations qu'ils rencontrent, qui parfois les embarrassent et leur font se demander comment agir. En donnant la parole à des experts, en les faisant dialoguer avec des professionnels.

Nous cherchons ainsi, à travers les échanges et la diversité des voix, quelles sont les boussoles et les bonnes attitudes. Nous n'oublions pas, si l'on ose dire, que la mémoire concerne aussi bien d'autres aspects de l'accompagnement, par exemple la constitution de l'histoire de vie des résidents, l'impact d'un élément inconnu de leur passé sur leurs habitudes ou leurs angoisses, ou encore le droit à l'oubli, pour celles ou ceux qui ont commis des fautes graves.

Nous nous sommes efforcés de mettre l'accent sur le concret, mais aussi sur les solutions, les propositions pratiques. Parce qu'en fait l'essentiel de l'éthique se tient là. Il ne faut pas oublier que ce terme signifie d'abord « comportement ». L'éthique ne serait rien si elle se limitait à l'énoncé des grands principes et des règles fondatrices. Elle commence véritablement dans leur mise en œuvre concrète, au jour le jour, dans l'ajustement, toujours à réinventer, entre les valeurs universelles et les cas particuliers des individus réels.

Cette conception de l'éthique comme « atmosphère » humaine, création permanente, collective, pratique, liée aux gestes quotidiens, est cruciale pour les métiers de l'accompagnement du grand âge, pour les personnes accompagnées et pour leurs proches. C'est pourquoi elle est au cœur du travail mené au fil des ans par la Fondation Partage & Vie depuis 2019, avec notamment la Déclaration éthique de Partage & Vie, élaborée à partir d'échanges entre le personnel soignant et une série d'experts, avec les multiples ateliers conduits au sein des établissements de la Fondation, avec les débats des *Estivales*, rencontres annuelles, organisées en partenariat avec le magazine *Le Point*, disponibles en vidéo sur le site de Partage & Vie, avec les volumes thématiques publiés aux Presses universitaires de France dans la « Bibliothèque Partage & Vie ».

Il reste évidemment beaucoup à faire pour que les comportements se transforment et pour que le grand âge, qui demeure encore une sorte de terre inconnue, soit mieux étudié et mieux perçu afin d'être mieux accompagné. Notre souhait est d'y contribuer, en permettant à chacun de trouver des éléments de réflexion ou des pistes d'action qui permettent d'avancer.

TÉMOIGNAGES, CONNAISSANCES, PROPOSITIONS

La première partie de cet ouvrage est centrée sur les témoignages et expériences des professionnels. Nous avons tenté de faire entendre leur dévouement et leur bienveillance, mais aussi leurs difficultés, leurs embarras, parfois leurs inquiétudes face aux situations qu'ils vivent. Car ce sont des êtres humains vulnérables qui accompagnent d'autres êtres humains plus vulnérables encore. L'idée que les professionnels seraient sans émotion, voire insensibles, n'est pas seulement fausse : elle est dangereuse. L'empathie est au cœur de l'accompagnement, et une part d'inquiétude s'y révèle.

Pour atténuer cette inquiétude, des connaissances sur le fonctionnement de la mémoire s'avèrent indispensables. En rappeler l'essentiel est l'objet de la deuxième partie, qui rassemble notamment des explications sur les découvertes actuelles concernant le fonctionnement du cerveau et sur l'existence de plusieurs registres et processus qui conduisent à parler de plusieurs mémoires, et non d'une seule. Il y est question aussi de la singularité de chaque mémoire personnelle, et de l'évolution des manières d'envisager la maladie d'Alzheimer au cours des dernières décennies.

En fonction de ces savoirs, quelles attitudes recommander ? C'est le fil directeur de la troisième partie, orientée vers des solutions et des pistes concrètes de changement. Qu'il s'agisse de dédramatiser les relations avec les patients atteints de troubles profonds, d'envisager des thérapies non médicamenteuses ou de proposer des transformations institutionnelles, ce ne sont pas les propositions qui manquent. Elles émanent aussi bien des professionnels que du public, du corps médical que des responsables politiques. Notre travail n'est pas d'opérer un tri dans cette efflorescence d'idées, pas plus que de les tester, mais de les rassembler et de les diffuser, laissant chacun faire ses choix.

Précisons, pour finir, que les trois parties ainsi dessinées – témoignages et embarras, connaissances et explications, solutions et propositions – ne constituent pas des cases rigides aux frontières étanches. Quelques chevauchements existent ; ils sont inévitables. Comment, en effet, exposer une situation concrète sans esquisser parfois, en même temps, une proposition pour y remédier ? Comment exposer une connaissance récente sans dire en même temps quelle perspective pratique elle ouvre ?

DIVERSITÉ DES AUTEURS ET DES LECTEURS

Ces recoupements nous paraissant plus féconds que gênants, nous n'avons pas choisi de les éliminer systématiquement, ce qui aurait été artificiel. De même, nous n'avons pas souhaité uniformiser les styles, les approches ou les vocabulaires. Comme dans la vie, la voix de chacun se fait entendre, pour exposer son vécu et ses analyses, avec son timbre et ses mots. Ce qu'on perd peut-être en académisme, on le gagne en diversité.

Car ce livre entend s'adresser à des publics très divers eux aussi.

Aux personnes de grand âge, qui s'intéressent aux débats éthiques qui les concernent, ou qui vivent auprès de personnes ayant des troubles de la mémoire, qui veulent savoir qui sont les gens qui les accompagnent, ou encore qui se demandent comment on fera perdurer ce qu'elles sont quand elles-mêmes l'auront peut-être oublié.

Aux professionnels de l'accompagnement de différentes disciplines et de différents métiers, qui souhaitent se sentir moins seuls et moins démunis quand certaines situations les dépassent, qui cherchent de quoi avancer pour mieux agir au quotidien en prenant connaissance des avancées de la recherche et des réflexions éthiques.

Aux administrateurs des établissements et des institutions liés au grand âge et à l'accompagnement, à leurs réseaux professionnels, qui agissent au quotidien et qui savent combien l'éthique dépend de leurs décisions et de la construction de leur stratégie, de leur attention aux situations individuelles des personnes vulnérables et fragiles.

Aux familles, aux aidants dont un proche est atteint de troubles graves de la mémoire et qui sont désorientés, qui ne savent plus s'ils sont les bons porte-parole des besoins et des désirs de leur parent, s'interrogent sur leur place, souhaitent comprendre ce qu'éprouvent ceux qu'ils aiment mais qu'ils ne reconnaissent plus, veulent savoir s'ils souffrent et cherchent à décoder leurs nouveaux comportements.

Aux bénévoles, qui désirent se rendre utiles auprès de personnes désorientées, se demandent ce que sont les maladies de la mémoire et souhaitent trouver de premiers outils pour les comprendre.

Aux simples curieux, qui aiment s'informer du monde tel qu'il devient, découvrir des passerelles entre réflexions intellectuelles et pratiques concrètes, qui s'interrogent sur leurs représentations des Ehpad comme sur la réalité des établissements, et souhaitent découvrir un monde qu'ils ignorent.

Chacun abordera ce volume avec son bagage et son histoire. L'important est que tous puissent se sentir nourris et enrichis par la réflexion collective. Tel est, en tout cas, notre objectif.

Première partie

Paroles de professionnels

Témoignages au quotidien

Face à ceux qui ne se souviennent plus

Dans la vie, habituellement, on se souvient de ce qu'on vient d'entendre, et de ce qu'on a dit soi-même, à l'instant. On se souvient également de ce qu'on a fait, au cours du temps, au moins pour l'essentiel. Certes, on oublie beaucoup, en fonction des circonstances, mais aussi pour pouvoir précisément constituer sa mémoire : se souvenir de tout, sans exception, est impossible. Toutefois, avec les éléments conservés, on fabrique une continuité, le récit d'un monde partagé avec les autres. Cette réalité commune paraît si évidente, si solide, si habituelle qu'on ne soupçonne pas qu'elle puisse se désorganiser.

C'est pourquoi, face à une personne qui oublie ce qu'elle vient de dire, ce qu'elle vient d'entendre, ce qu'elle vient de vivre, chacun se sent d'abord extrêmement déstabilisé. Ne plus savoir ce qui vient d'avoir lieu, découvrir soudain la situation, comme si on ne l'avait pas déjà vécue, comment est-ce possible ? Poser *x* fois la question à laquelle il a été répondu, confondre les époques, ne plus savoir qui l'on est, voilà qui dérange l'ordre habituel du monde et des échanges – d'une manière qui paraît d'emblée inquiétante, perturbante. Affolante, même, en un sens.

Ce trouble face à la mémoire qui flanche, les proches l'éprouvent intensément. Les professionnels aussi. Leur formation, leur métier, leur expérience ne constituent pas des barrières étanches contre l'émotion. Quelle que soit leur qualification, ils se trouvent tous, un jour ou l'autre, déstabilisés par les comportements qu'ils rencontrent.

C'est d'abord cette réalité quotidienne, trop souvent méconnue, que nous avons voulu faire ressentir. Que se passe-t-il, au jour le jour, pour les aides-soignantes, les infirmières, les agents en charge du cadre de vie ou les psychologues, confrontés à des comportements qui les mettent parfois mal à l'aise, ou qui les laissent d'abord démunis ? C'est ce qu'on commence à découvrir à travers les échanges de trois membres du personnel qui évoquent leur quotidien, les cas concrets qui surgissent, leurs réactions, leurs interrogations. On prend la mesure, à travers leurs paroles, d'un univers que beaucoup ignorent.

La sensibilité y joue un rôle central, trop peu souligné. C'est ce qu'explique Aurélie Daireaux, psychologue à Partage & Vie, qui insiste sur le savoir sensible des professionnels de l'accompagnement. Ils ne sont pas indifférents, ne peuvent pas l'être, ne doivent pas l'être, malgré le dogme, discutable, de la nécessaire « mise à distance » des émotions. Ce qu'ils éprouvent est essentiel pour mieux accompagner. À la condition, bien sûr, d'avoir appris à y voir un peu plus clair en eux-mêmes.

Car ce que met à l'épreuve la rencontre continuelle avec ceux qui ne se souviennent plus, ou moins bien, ou de façon sélective, ce sont des éléments constitutifs, archaïques, de la personnalité de chacun. Certains peuvent être plus vulnérables que d'autres. Pour mieux accompagner, il faut donc apprendre à se connaître, suggère Aurélie Daireaux. Son analyse ne concerne évidemment pas que le personnel de l'accompagnement. Elle propose, pour les personnes accompagnées, des approches nouvelles et plaide pour une plus grande liberté d'initiative au sein des institutions.

Pour continuer à évoquer la multiplicité et la diversité des dilemmes quotidiens rencontrés par le personnel, nous présentons ensuite une sélection de brefs récits bruts, extraits des réponses à l'enquête conduite par Partage & Vie. Ces moments de vie permettent de saisir, sur le vif, comment la mémoire, ses lacunes, sa reconstitution, ses énigmes ne cessent d'habiter, par intermittence, le quotidien des Ehpad.

Rares sont les romans qui évoquent ce quotidien. *Les Souvenirs*, de David Foenkinos (Gallimard, 2011), le décrit avec infiniment d'humour, de précision et de tendresse, en prenant pour fil directeur l'évocation du passé, ses mirages et leurs fonctions diverses. En rendant visite à ses grands-mères, longtemps et souvent, l'écrivain a tout observé, ressenti, réfléchi. Il décrit finement la bienveillance et l'attention du personnel, les attitudes des résidents, les comportements des proches.

Après avoir chaleureusement dialogué, au cours des Estivales, avec des membres de Partage & Vie, l'écrivain et scénariste s'interroge notamment, en répondant aux questions de Roger-Pol Droit, sur l'identité et l'oubli, l'entrée dans le monde imaginaire forgé par l'autre ou le rappel à la réalité partagée, avant d'évoquer le lien crucial entre la mémoire et le travail de l'écriture.

Moments de vie
Quand la mémoire s'échappe

Nathalie, Éva et Zoé interviennent dans deux résidences de la Fondation Partage & Vie, qui accueillent des personnes âgées dépendantes.

Nathalie Amand est psychologue et Éva Claises, agent cadre de vie. Elles travaillent au sein de l'Ehpad « La Mésangerie », situé à Maule, dans les Yvelines. Zoé Bocquet est petite-fille d'un résident et a effectué une mission de service civique au sein de l'Ehpad « Jacques-Bonvoisin », à Dieppe.

Toutes trois évoquent ici leurs expériences, leurs souvenirs, leurs émotions, leurs pratiques professionnelles et personnelles au contact des résidents dont la mémoire se détériore, faillit, semble parfois inaccessible. Elles décrivent les situations de leur quotidien, les réponses qu'elles y apportent, les impasses dans lesquelles elles se retrouvent parfois, l'épuisement, la fatigue, les tensions qui peuvent en découler… À travers leurs propos transparaissent l'immense complexité et toute l'humanité de leur mission, chaque jour.

Éva Claises : Ce jour-là, je travaillais à l'entretien des chambres et, à un moment, madame S. est devenue très angoissée. Elle recherchait ses parents. Beaucoup de personnes passaient à côté d'elle sans vraiment faire attention à son angoisse. J'ai voulu la rassurer ; je ne sais pas si je peux dire « rassurer », mais j'ai essayé de lui rappeler l'âge qu'elle avait et je me suis dit que, peut-être, elle allait réussir à se souvenir d'elle-même que ses parents avaient disparu. Et c'est ce qui s'est passé. Malheureusement, cette dame a beaucoup pleuré, d'une part pour la perte de ses parents, mais surtout parce qu'elle se rendait compte qu'elle perdait la mémoire, et qu'au final elle perdait ce qu'elle était. Cela m'a beaucoup touchée. En rentrant à la maison, j'y ai beaucoup pensé. J'en ai parlé avec ma famille : est-ce que j'avais bien fait d'agir ainsi ?

Le lendemain, j'ai revu la dame ; elle avait oublié tout ce qui s'était passé. Je me suis rassurée ainsi. Elle a posé de nouveau la même question, et j'ai fini par changer de comportement. J'ai dit que je ne savais pas où étaient ses parents, mais j'ai eu beaucoup de mal à mentir. Cette réponse a évité la tristesse et les pleurs que j'avais vus la veille.

Nathalie Amand : Souvent, ce que j'ai pu constater, c'est que quand un résident appelle ses parents ou un proche, c'est qu'il va être angoissé ou qu'il va avoir envie de discuter, de se remémorer le passé. Généralement, je conseille de faire parler la personne à ce sujet en lui demandant par exemple : « Elle était comment, votre mère ? Comment se comportait-elle avec vous ? Comment ça se passait ? » Cela nécessite d'avoir du temps pour laisser parler la personne et, en général, cela fait sortir des émotions, cela apaise, cela la ramène sur un terrain qu'elle connaît, sur des souvenirs rassurants qu'elle se remémore, et cela la calme. Mais pour un temps seulement. L'angoisse peut être provoquée par la désorientation, mais, en douceur, par l'emploi du passé dans nos questions, on réoriente la personne.

À la dame qu'a côtoyée Éva, j'aurais peut-être essayé de répondre par une question : « Elle vous manque, votre mère… Comment était-elle ? » Juste cette question-là. Cela peut être perçu comme une forme d'évitement, mais cette question peut également être libératrice.

Zoé Bocquet : Je côtoie également quotidiennement des résidents dont la mémoire s'échappe. Certains nous demandent tous les jours où sont leurs parents, où sont leurs conjoints. Dans le meilleur des cas, leur conjoint est toujours en vie, ne réside pas dans l'Ehpad, mais peut venir régulièrement rendre visite à la personne. Dans la plupart des cas cependant, les proches ne sont plus là. C'est une souffrance pour les résidents, qui soit sont à leur recherche, soit se rendent compte qu'ils perdent la tête, soit réalisent que leurs proches sont décédés.

Pour le personnel soignant, c'est fatigant aussi. On se pose plein de questions, on ne sait pas sur quel pied danser, on ne sait pas comment réagir exactement. C'est beaucoup de questionnements et beaucoup de fatigue de répondre en boucle aux mêmes questions, dont les réponses sont instantanément oubliées.

Une fois, j'ai été très surprise par une résidente qui ne répondait que quand on l'appelait par son nom de jeune fille. Quand on lui demandait quel était son nom – je ne me souviens plus de son nom exact mais admettons qu'elle s'appelait madame Lami de son nom de mariée –, donc quand on lui demandait qui était monsieur Lami, elle répondait : « Mon mari ! » ; et pour autant, elle ne répondait qu'à son nom de jeune fille. C'était comme s'il y avait quelque chose de paradoxal. Elle savait qui était son mari, mais, pour elle, son nom, c'était son nom de jeune fille.

J'ai aussi le souvenir d'une résidente qui occupait l'unité protégée de l'Ehpad, celle qui est plutôt réservée aux personnes très désorientées mais qui souvent se déplacent encore très bien. Elle venait tout le temps nous demander une cigarette. Elle avait le droit d'en fumer une toutes les heures, mais pas plus. Pourtant, dès qu'elle avait éteint une cigarette, elle venait nous en redemander une autre. C'était difficile pour elle, parce qu'elle essuyait des refus tout le temps, et pour nous, puisqu'elle nous considérait mal étant donné que nous étions ceux qui les lui opposions en permanence. Même si elle avait oublié le refus que nous lui avions exprimé quelques minutes plus tôt, elle avait gardé le souvenir que cette personne-là lui avait été désagréable. C'était pénible, car c'était à la fois de la fatigue pour nous et de la colère pour elle. Du coup, elle s'opposait à beaucoup de soins en disant : « Ils m'ennuient tous et je n'ai pas du tout envie d'être coopérante avec eux. » Je pense que, chez cette femme-là, il y avait aussi beaucoup d'ennui. Par réflexe, quand on s'ennuie, on prend une cigarette. Du coup, elle retrouvait ce réflexe dès qu'elle s'ennuyait, c'est-à-dire à peu près tout le temps. »

ESQUISSES DE SOLUTIONS ?

Éva Claises : Dans notre établissement, nous avons suivi une formation Montessori en rapport avec la mémoire qui nous aide beaucoup. Les formateurs nous ont proposé des ateliers. Par exemple, l'atelier « J'aime/Je n'aime pas » : on présente aux résidents des photographies qui montrent des situations : « J'aime cuisiner », « J'aime faire la vaisselle », « J'aime jardiner »... Regarder la photo, la manipuler permet aux personnes de replonger dans leur mémoire. Avec ce type d'outils, nous arrivons à connaître beaucoup de choses sur la personne et à accéder un peu à ses souvenirs.

Nathalie Amand : La méthode de Maria Montessori nous apporte d'autres aides encore. La phrase inspirée de sa pensée qu'on nous a souvent répétée pendant les formations, c'est : « Mettez à l'extérieur ce qu'ils n'ont plus dedans. » Ainsi, pour une personne qui va oublier que ses parents sont décédés – et c'est très angoissant pour elle –, on va écrire une petite lettre avec ces mots : « Vos parents s'appelaient untel, ils ont eu telle vie, vous les avez enterrés à telle date... » La personne dispose alors de ce support visuel qu'elle peut regarder autant que nécessaire pour se remémorer. Et pour certains, c'est rassurant.

Éva Claises : Je confirme que ce peut être efficace. Certaines personnes parviennent à se calmer juste en regardant cette affiche, ou bien un cahier de vie, que nous écrivons pour elles avec l'aide des familles ou l'aide des personnes elles-mêmes.

Nathalie Amand : Permettre aux personnes de continuer à vivre des moments dont elles ont longtemps eu l'habitude est essentiel : le petit café, la pause au PMU, etc. C'est le genre d'habitudes que certains gardent et veulent garder. On a également mis en place un petit magasin dans la résidence. On peut aussi accompagner les personnes dans des magasins à l'extérieur ; les résidents aiment bien faire des achats pour les offrir à leurs proches quand ils leur rendent visite.

FAUT-IL TOUT REMÉMORER ? PUDEUR, SECRETS DE VIE ET DE FAMILLE, NON-DITS...

Zoé Bocquet : Sur cette question, je vais plutôt prendre ma casquette de « famille de résidents ». Pour mon grand-père, il y a un vrai sujet de pudeur : pour lui, ce n'est pas si important de parler de lui-même. Dans sa tête, il a toujours été un vieil agriculteur, et c'est tout. En revanche, il a très envie de parler de madame Unetelle qui est en train de passer et avec qui il s'entend très bien, ou de nous parler des professionnels qui travaillent autour de lui, qu'il admire beaucoup parce qu'ils ont continué de travailler, et pas lui. C'est tout un tas de personnes comme celles-là qu'il continue d'admirer et qui, à ses yeux, ont plus d'importance que sa vie à lui. De temps en temps, il va nous parler de la sienne, surtout quand on insiste. Mais il en profitera souvent pour parler de nous. Il y a à la fois de la pudeur et de l'admiration pour les gens autour.

Nathalie Amand : La réaction du grand-père de Zoé à une question personnelle fait écho à d'autres situations que je rencontre souvent. Quand on interroge les résidents sur leur histoire, ce n'est pas rare qu'ils nous répondent : « Non, mais c'est bon, on me le demande tout le temps. J'en ai marre de parler de moi, je veux parler d'autre chose. » Les personnes âgées sont curieuses des autres, et pas si souvent repliées sur elles-mêmes.

Zoé Bocquet : J'ai le souvenir d'une résidente dont je m'occupais lorsque j'étais aide-soignante. Cette résidente était complètement alitée ; elle ne pouvait plus du tout bouger et, lors de la toilette, elle était clairement opposante même si elle pouvait à peine se mouvoir. Elle n'avait plus du tout de force, mais elle ne voulait tellement pas être lavée qu'elle nous appuyait sur la gorge pour essayer de nous étrangler. Elle n'avait quasiment pas de famille qui venait lui rendre visite, donc c'était très difficile de recomposer son histoire de vie. Il a fallu un certain temps pour découvrir qu'elle avait une peur énorme d'être lavée parce qu'elle avait subi des attouchements quand elle était petite. On ne peut pas deviner cela ; et c'est très difficile à entendre pour nous et à exprimer pour elle.

Même si elle pouvait parler, je ne sais pas si elle nous aurait confié cela.

Cela a été compliqué pour nous d'admettre que c'était maltraitant de faire la toilette alors qu'elle était aussi opposante, et que, pour elle, ça a été une souffrance. C'était une situation très dure à vivre, pour elle comme pour nous. C'est lié bien sûr à la mémoire. Le refus d'être touché à ce point-là relève de l'intime, très profond.

Cet exemple nous interroge sur la pertinence d'aller chercher les souvenirs enfouis des personnes que nous prenons en soins. Dans un cas comme celui-ci, où la personne ne parle plus, on a besoin de comprendre les raisons de son refus. Bien sûr, on ne va pas forcer une personne pour une toilette quand elle est à ce point opposante. On n'a pas besoin de se référer à une histoire de vie pour se rendre compte que la toilette est compliquée et éviter d'insister. Donc, la solution qu'on a trouvée, ç'a été plutôt d'avoir un autre rapport avec la résidente pour qu'elle ne se sente plus « forcée » à la toilette, mais « accompagnée » à la toilette. Ça supposait de passer de bons moments avec elle en dehors de tout soin ; de cette manière, la personne se sentait mieux en notre présence et acceptait un peu plus facilement la toilette. Pour parvenir à cela, pas besoin d'avoir l'histoire de vie de la personne ; mais cela reste plus facile de s'adapter à une personne une fois qu'on l'a mieux comprise.

Nathalie Amand : Pour connaître l'histoire de vie d'une personne, je n'ai peut-être pas la bonne méthode, mais j'aime être directe et dire à sa famille : « On rencontre des difficultés au niveau de tel soin avec votre mère, votre père. Est-ce que vous avez une idée de la raison pour laquelle c'est si compliqué ? Que se passe-t-il, d'après vous ? Peut-être êtes-vous au courant d'une histoire, d'une information que vous pouvez nous transmettre ? » Souvent, les familles, quand elles savent que c'est compliqué pour leur proche, cherchent à aider ; elles sont vraiment volontaires pour partager ce qu'elles savent... quand elles savent, bien sûr. Mais avant d'aller voir les familles, on essaie d'abord de parler avec le résident, quand il en est encore capable et qu'il est d'accord pour le faire. Quand un résident nous confie un souvenir, en tant que psychologue, je suis tenue au secret de mes entretiens. Quand je pense que l'information est importante et qu'elle mérite d'être diffusée pour aider les proches ou les soignants à comprendre, je demande au résident. Je lui dis : « Pour moi, c'est important pour telle raison. Est-ce que vous êtes d'accord pour que j'en parle ? » Majoritairement, ils me disent oui. J'ai eu quelques « non », mais c'est plutôt rare, en général. Ces quelques « non » peuvent renvoyer à des situations familiales conflictuelles. Dans ces cas-là, tant pis, j'essaie de trouver une autre solution, sans expliquer ce qu'il en est exactement aux proches. Je préfère respecter la parole de celui ou celle qui m'a fait confiance.

Bien sûr, il peut y avoir des relations complexes avec certaines familles. Souvent, si les relations avec ces familles-là sont compliquées, c'est principalement parce que les proches du résident sont très angoissés. Notre but sera d'essayer de les rassurer en prenant de l'avance sur ce qui pourrait les inquiéter : par exemple, le manque de communication. S'ils ont l'impression qu'on ne leur parle pas assez, qu'on leur cache des choses, ils vont vite imaginer des scénarios. Si on prend les devants et qu'on les appelle avant qu'ils demandent à prendre rendez-vous, cela va un peu calmer leurs angoisses. Et puis, il y a des familles avec lesquelles on n'arrive jamais à calmer ou à apaiser les choses. Si vraiment cela se passe mal et qu'il y a un problème de confiance, on peut suggérer un autre établissement. Cette tension ou cette angoisse, le résident la ressent, et les professionnels aussi. C'est très pesant pour tout le monde.

Zoé Bocquet : En tant que petite-fille d'un résident, je comprends très bien ce que décrit Nathalie. Puisque j'ai la double casquette, je sers un peu d'intermédiaire entre les deux parties : la famille d'un côté et les soignants de l'autre. Les inquiétudes peuvent arriver très vite, parce qu'il suffit de constater deux fois qu'il y a un problème pour se dire que finalement il y a tout le temps un problème et qu'il suffit qu'on soit absent pour que cela déraille. En même temps, en tant que professionnelle, c'est évident qu'on prend grand soin des résidents. Le lien qui nous unit à eux est très fort parce qu'on passe le plus clair de notre temps avec eux et que c'est une relation de confiance, qui est immense. Souvent, une bonne relation entre l'équipe soignante et la famille ne nécessite qu'une chose : ouvrir le dialogue, car les deux parties ont en commun de tenir beaucoup aux résidents.

USURE ET PERSÉVÉRANCE DES PROFESSIONNELLES PRENDRE DE LA DISTANCE, PASSER LE RELAIS POUR MIEUX REVENIR

Nathalie Amand : Beaucoup de professionnels souffrent de ces situations qui se répètent et se ressassent. Pour nous soulager, nous pouvons bien sûr en parler entre nous, parfois recourir à l'humour, surtout pas pour se moquer mais pour évacuer une sorte de lassitude ou de tension. Et puis, on apprend à passer le relais. Quand quelqu'un ne supporte plus une situation, on demande à un collègue de s'en occuper, au moins temporairement.

Éva Claises : C'est tout naturel, entre membres d'une équipe, que l'on s'entraide. Si on ne trouve pas une solution, on va appeler une collègue à l'aide ou simplement lui expliquer la situation vécue pour qu'elle aide à poser un diagnostic. On travaille en équipe, on favorise la transmission entre nous.

Ce n'est pas un métier simple, il faut être patient. Si on ne réussit pas à « se remonter », parce qu'il y a des périodes où c'est plus difficile que d'autres, on le ressent même dans nos vies privées : on est fatigué. Par ailleurs, il y a des sujets qui nous touchent plus que d'autres à propos de certains résidents. S'appuyer sur ses collègues, parfois sourire de certaines situations, permet de dédramatiser, de prendre un peu de recul, de s'extraire sur le plan émotionnel.

La sensibilité du soignant est l'un de ses principaux outils de travail

Aurélie Daireaux[1]

Les idées les plus innovantes viennent du terrain, des équipes soignantes, qui vivent au quotidien avec les résidents. Ces idées naissent chez ceux qui ne sont pas nécessairement installés dans la communauté des savoirs, des scientifiques et des penseurs. Ce n'est pas de la coquetterie de dire qu'il faut vraiment valoriser leur travail, qui n'est pas toujours reconnu, parce que les propositions créatives proviennent abondamment du terrain.

C'est là une posture éthique de base. Les soignants doivent se faire pleinement confiance dans ce qu'ils ressentent (ils imaginent parfois que le ressenti de la psychologue est plus juste, car plus soutenu théoriquement). Les ressentis et les intuitions des soignants sont résolument les plus précieux ; très souvent, ils ne savent pas à quel point ils savent !

Au sujet des difficultés cognitivo-comportementales associées aux maladies neurodégénératives, je souhaite souligner quelques points fondamentaux :

1. Psychologue à la Fondation Partage & Vie.

- Le retour à l'archaïque et à l'infantile (cris, déambulation, « manger-mains », stéréotypies…) peut venir résonner fortement chez les soignants, psychiquement et viscéralement (« ça prend aux tripes, ce métier ! »). Il faut donc que nous soyons nous-mêmes au clair avec nos propres mouvements archaïques.
- Dans les troubles psycho-comportementaux et cognitifs associés à la démence, on peut se questionner sur le sens des paroles, des passages à l'acte, des comportements particuliers, de l'agressivité, etc. Tous ces facteurs impliquent un « manque à comprendre » qui peut « attaquer » les liens et la relation soignants-soignés.

Depuis que je travaille dans les Ehpad, je remarque que ce qui affecte le plus les soignants, ce sont les résidents qui cherchent une présence permanente, usant de tous les prétextes possibles, associés à des appels incessants. Quel est le mal-être (ou l'envie) qui s'ignore et qui vient soutenir cette demande ? Il y a toujours autre chose à entendre *derrière* ce prétexte initial. Les soignants ne pourront donc jamais tout à fait y répondre, puisqu'il s'agit d'autre chose. En lien avec ces demandes perpétuelles peut donc s'installer un vécu d'envahissement, mais également de frustration amère, pour un soignant dont la mission est de soulager, de soigner, de satisfaire les besoins du résident.

Dans leur formation de base, les soignants sont invités à instaurer une barrière (affective, émotionnelle) dans la relation avec leurs patients. Dès lors que nous mettons le pied dans un Ehpad, ce principe académique vole en éclats, dans la mesure où la *sensibilité* du soignant est l'un de ses principaux outils de travail. Chercher à effacer la sensibilité d'un soignant, c'est comme retirer son stylo à un écrivain ! Le terme que j'emploierais, et qui me semble plus précis, serait de trouver non pas la « bonne distance », mais la « juste perméabilité » avec le résident.

Le travail en Ehpad nous renvoie à notre *imperfection* (corps et intellect dégradés) et à notre *finitude* (qu'on passe notre vie entière à essayer d'apprivoiser). La rencontre avec les résidents peut intensifier ce désarroi : il faut faire preuve de beaucoup de créativité pour nous réveiller éthiquement, pour nous maintenir et maintenir le résident en humanité. Comme si l'essentiel n'était pas uniquement de rester vivant, mais humain. Cela demande beaucoup de questionnements, de réajustements, pour concilier la raison, les ressentis, les désirs, les possibles...

La situation est plus subtile encore avec les résidents qui se trouvent dans une compréhension instinctivo-affective, ceux dont le langage ne passe plus par la parole, mais qui sont sensibles à une caresse, un geste, un regard, à la douceur ou la prosodie d'une voix... Les soignants doivent alors travailler et réfléchir pour et avec le résident, mais *sans une alliance claire* avec lui : il ne s'agit pas de désirer à sa place. Toute la subtilité du travail se loge dans notre capacité à renoncer à nos ambitions, à nos envies, à nos croyances ou valeurs, à nous extraire de notre propre histoire, *pour être au plus proche* des véritables volontés des résidents.

Pour s'en approcher le plus authentiquement possible, les établissements s'appuient sur de nombreux supports. Le travail réalisé en amont autour de l'anamnèse et de l'histoire de vie doit être particulièrement approfondi : la personnalité, les activités et les intérêts du résident doivent être soigneusement notifiés dans son dossier. Les familles peuvent être régulièrement sollicitées, pour mieux comprendre ce qui peut se jouer dans certaines situations.

J'invite également les équipes à demander aux familles des photographies du résident lorsqu'il était enfant et adulte (dans sa vie active). Les projets d'accompagnement personnalisé (PAP), s'ils sont réalisés assez rapidement après l'entrée en établissement, permettent de bénéficier d'un maximum d'informations, au moment où le discernement est encore bien présent. Ce PAP représente un support pertinent, qui permet la libre expression des souhaits des résidents, de leurs préférences alimentaires au petit déjeuner aux directives anticipées.

En ce qui concerne toutes les activités proposées au sein des Ehpad, qu'il s'agisse d'activités physiques, sensorielles, artistiques, manuelles, socioculturelles, cognitives ou encore des ateliers de bien-être, il m'apparaît essentiel de bien saisir le potentiel thérapeutique, socialisant et humanisant de chaque proposition. Les activités doivent être réalisées, avant toute chose, pour *faire du bien* au résident, l'amener vers un mieux-être de l'âme, du corps et du cœur.

Le véritable propos ne repose donc pas uniquement sur la stimulation ou l'amélioration des fonctions physiques et psychiques ou encore sur la préservation du potentiel restant. Il ne s'agit pas de savoir ce dont le résident est *capable*, mais de faire en sorte qu'après chaque atelier, chaque résident se sente *valable* et puisse se dire : « J'ai une valeur en tant que personne. » Les activités réalisées doivent devenir un support qui contribue à ce que chaque résident se sente considéré dans sa singularité et puisse ressentir qu'il a une place, *sa* place.

Dans un milieu très médicalisé, la présence d'un psychologue est pertinente pour mettre à disposition un décalage. Le *symptôme*, d'un point de vue médical, pour une équipe essentiellement constituée de soignants (infirmières, médecins, ergothérapeutes, aides-soignantes, kinésithérapeutes...) doit être rapidement traité et éradiqué. Quant aux symptômes qui touchent à la vie psychique – les signes que le résident nous envoie : agressivité, colère, passage à l'acte, fugue, etc. –, ils doivent plutôt être reçus comme une *aubaine*, parce que ces signes vont nous guider vers la compréhension de ce qui se passe pour lui. Le rôle du psychologue n'est donc pas de réduire ce trouble (trop rapidement), mais de suivre le fil précieux que le résident nous donne à voir. Il n'y a pas lieu de « faire taire » un symptôme, mais d'en « délivrer la parole », pour que le conflit psychique dont il est l'expression se dénoue. Si un trouble a des déterminations inconscientes, il n'y a aucun intérêt à s'acharner sur lui à grands coups de médicaments, de diagnostics, d'exercices ou de conseils. Il s'agit au contraire de laisser au patient la liberté de déplier ce qui l'occupe et le perturbe. Les approches non médicamenteuses doivent donc être soutenues aussi fortement que l'option (un peu facile) du psychotrope, qui risque « d'endormir » le patient et de l'empêcher de nous montrer le chemin pour l'aider et l'accompagner dans l'épreuve psychique qu'il traverse. Cet aspect peut sembler d'abord contre-intuitif, mais certaines circonstances, certains processus et passages, aussi douloureux soient-ils, sont souvent nécessaires et incontournables. Dans cette perspective, il n'est finalement pas toujours recommandé que « tout se passe bien ». Parfois, il faut que ça *se passe*... Les résidents peuvent s'enliser et rester figés dans des angoisses mortifères ou une dépression, faute que certaines étapes cruciales aient pu être vraiment *entendues*, *accueillies*, *élaborées*, *digérées* et *transcendées*.

Je viens d'évoquer à quel point les soignants doivent être écoutés et considérés, tant du point de vue de leurs actes quotidiens que dans la prise en compte de leur dynamique psychique, dans ce qu'ils vivent à partir de cette rencontre forte avec les personnes âgées. Le travail de direction et d'encadrement prend ici tout son sens et représente un levier capital pour y parvenir : les équipes ont besoin de s'appuyer sur un *dispositif institutionnel* particulièrement solide et étayant. Ce dispositif est porté par de nombreux vecteurs : le projet d'établissement, les règles, les chartes, le cadre légal, les protocoles, les projets personnalisés, les propositions thérapeutiques, les journées d'études, les formations, le projet institutionnel, le livret d'accueil, l'évaluation constante des actions. Ce dispositif permet d'offrir aux soignants non seulement une *assise*, mais également un *dossier* solide, sur lequel les équipes vont pouvoir s'adosser de façon rassurante. Ce qui impliquera une pleine disponibilité de leur part, dans l'exercice de leurs fonctions.

Les responsables d'Ehpad, en mettant en place un dispositif institutionnel soutenant représentent symboliquement le tuteur que l'on place à la racine d'une plante et qui lui permet d'être guidée et de se déployer le mieux possible. Je souligne également que ce dispositif évite une trop grande « frontalité » entre le résident (et sa famille) et le soignant en permettant d'installer une instance *tierce contenante et sécurisante*.

J'attache beaucoup d'importance à ce pouvoir « tiercéisant » insoupçonné du dispositif, car j'ai pu observer que les équipes s'y réfèrent très régulièrement, comme à un repère essentiel, notamment lorsque l'empreinte émotionnelle se révèle trop forte, face à certaines situations épineuses.

Les directeurs peuvent également proposer des séances d'analyse des pratiques professionnelles (ADPP), pour contribuer à faire en sorte que les soignants soient bien au clair avec leurs propres affects et vécus psychiques, avec tout ce qui *résonne* pour eux. Parmi les propositions émanant de la gouvernance et qui me semblent fécondes : des temps d'échanges entre soignants peuvent par moments remplacer les transmissions médicales classiques. Les équipes doivent faire circuler les informations, partager les vécus à tout point de vue. Les rencontres représentent en effet des expériences fondamentales du soin : il n'y a pas de soin sans rencontre humaine, rencontre avec soi d'abord, et rencontre avec l'autre.

J'ajoute un point qui me semble important, concernant les discours négativistes de certains, qui pointent préférentiellement les dysfonctionnements d'une institution, d'une personne, de certaines façons de faire, etc. J'emploie beaucoup d'énergie à inciter les équipes à s'appuyer sur la partie constructive de la structure dans laquelle elles travaillent. Chaque salarié, à son niveau, est responsable de la qualité de l'institution dans ce qu'il en dit, dans ce qu'il en présente. Il est pleinement acteur et participe véritablement à la qualité de l'institution dans sa fonction d'accueil, de rencontres et de partages positifs : il collabore donc lui aussi à l'émergence d'un lieu de travail et de vie épanouissant pour tous.

Je défends ardemment la nécessité d'un dispositif institutionnel solide, associé à des protocoles qui ne doivent pas être diabolisés : à l'intérieur d'un cadre concis, nous pouvons finalement avoir une plus grande liberté.

Toutefois, et encore plus au sein des Ehpad, si tout rentre dans des cases et des protocoles, si tout est codifié, mesuré, minuté, *plus rien ne nous échappe*. Dommage ! Par moments et dans certaines circonstances, s'autoriser à penser qu'on ne maîtrise pas tout contribue à laisser au résident la possibilité de se saisir de cet espace « en creux ». Il devient alors possible de voir apparaître autre chose, de se laisser surprendre, et de découvrir de nombreux trésors insoupçonnés chez les résidents.

Verbatim
Une multitude de situations

Pour continuer à faire entrevoir la diversité des situations auxquelles les accompagnants se trouvent confrontés, nous présentons dans les pages qui suivent un échantillon des très nombreux récits que les équipes de Partage & Vie nous ont transmis.

Ces témoignages proviennent du travail effectué au cours de l'année 2024 sur le thème de la mémoire et de l'accompagnement. Ils sont issus des réponses à l'enquête interne menée auprès des établissements de Partage & Vie, et des ateliers thématiques qui ont été organisés.

Nous avons volontairement préservé les expressions de chacun et livrons ces expériences sans les commenter, puisqu'elles le seront, de manière directe ou indirecte, dans les autres parties de ce livre.

Notre intervention se limite à un regroupement thématique succinct, dont on peut ne pas tenir compte…

QUAND UN TRAUMATISME, INCONNU DU PERSONNEL ACCOMPAGNANT, ÉCLAIRE LE COMPORTEMENT ÉNIGMATIQUE D'UN RÉSIDENT

• Un résident refusait de prendre la douche et devenait agressif à ce moment-là, alors qu'il ne l'était pas le reste du temps. Un jour, nous en avons parlé à son neveu, car nous n'arrivions pas à solutionner cette agressivité et le résident ne nous verbalisait pas pourquoi il devenait agressif. Il nous a alors expliqué que ce monsieur avait fait la Seconde Guerre mondiale et passé de longs mois à combattre sans prendre de douche ni se laver. Depuis, ce monsieur n'aimait plus prendre de douche.

• Un résident qui se barricade dans sa chambre la nuit. Sa fille, informée, nous parle d'un vécu traumatisant : cambriolage avec violence. Ce qui nous a permis de comprendre la situation et de pouvoir rassurer le résident.

FAUT-IL RAPPELER LA RÉALITÉ OU ENTRER DANS L'ILLUSION ?

• Une dame dit qu'elle souhaite rentrer chez elle pour faire manger sa mère. Elle dit qu'elle est âgée et qu'il ne lui reste plus qu'elle. Cela arrive le plus souvent avant l'heure des repas (11 heures ou 17 heures). Nous disons à cette dame que sa fille s'occupe de sa grand-mère, qu'elle n'a pas à s'en faire, etc. Parfois cela fonctionne, parfois il faut appeler la fille au téléphone (et la laisser avoir un bref instant de conversation). À certains moments, la dame pense que sa fille est trop jeune pour s'occuper de sa grand-mère parce qu'avec ses problèmes de temporalité elle a oublié que la petite fille a quarante ans... Si on occupe la résidente par des petites tâches ménagères (mettre le couvert, essuyer des verres, plier du linge, nettoyer des tables avec une lavette, etc.), il est possible de détourner son attention et la préoccupation n'a pas lieu. Les équipes et la psychologue ont réfléchi ensemble à la conduite à tenir lorsque la résidente est en stress vis-à-vis de sa mère... défunte il y a plus de vingt ans.

• Une résidente ayant de gros troubles cognitifs a été confrontée au décès subit et inattendu de sa sœur dont elle était très proche, et qui lui rendait souvent visite. Chaque fois qu'elle demandait à voir sa sœur, les soignantes lui disaient que sa sœur était décédée, et chaque fois elle pleurait et revivait cette douleur. Quel comportement adopter ?

QUAND LA SOLUTION SE TROUVE DANS L'HISTOIRE DE VIE

• Une résidente ayant des troubles cognitifs ne communique plus avec aucun résident ni avec le personnel. Quand elle parle, elle parle tout bas, uniquement à des photos très usées qu'elle a dans ses poches. Cette dame est veuve, ses enfants sont peu présents. Depuis quand cette personne ne parle plus à ses semblables ? Qui sont les personnages sur les photos usées ? Enfants, personnes adultes ? On ne peut savoir. À travers des activités maternantes, qui lui ont permis de se souvenir de sa vie de maman, nous avons compris que les photos représentaient un de ses enfants décédés en bas âge. Cela a aidé l'équipe à une meilleure prise en charge, à respecter son chagrin, la relation qu'elle avait construite avec cette photo et sa mémoire, sans être intrusive.

• Une résidente prenait des objets et de la nourriture et les cachait dans sa chambre, accumulant beaucoup d'éléments et pouvant se montrer « agressive » si les soignantes lui demandaient de les rendre. Ses relations avec elles se dégradaient ; elle se montrait méfiante et les soignantes critiquaient ses comportements. Il fallait, comme pour tout comportement déconcertant, rechercher le sens que ces « vols » avait pour la dame. J'ai pris le temps de discuter avec elle, mais elle vit avec des troubles mnésiques et communicationnels très importants. Au travers des phrases, j'ai entendu qu'elle avait vécu dans une grande pauvreté. J'ai ensuite pris contact avec sa tutrice, seule interlocutrice possible, qui nous a transmis son histoire de vie teintée de misère sociale. En réunion pluridisciplinaire, à l'occasion de l'élaboration de son projet personnalisé, nous avons échangé sur ces éléments. Les professionnelles ont pu comprendre que ce que faisait cette dame avait un sens dans son parcours de vie, qu'elle avait peur de manquer et que le fait d'accumuler était rassurant pour elle. Ces clés de compréhension ont permis une plus grande empathie et une adaptation de l'accompagnement pour que cette résidente ne se sente pas jugée et puisse répondre à son besoin de possession. Ainsi, nous lui mettons des objets à disposition pour qu'elle puisse s'en saisir, nous sommes en train de créer un meuble de fouille proche de sa chambre et les soignantes, une fois par semaine, l'accompagnent en lui proposant de ranger sa chambre ensemble.

• Nous avons accompagné un résident atteint de la maladie d'Alzheimer, tellement évoluée qu'il n'avait plus accès à sa mémoire biographique ni à un langage verbal cohérent. Ce résident présentait des troubles de type agressivité d'une grande intensité : il jetait le mobilier, il était hétéro-agressif, etc. L'équipe a longtemps cherché à mettre du sens sur ce comportement, à identifier le déclencheur de ces troubles, sans succès. Par le biais des réunions d'équipes, le sens, le déclencheur ont été cherché sans que soit trouvée de solution qui résolve la situation. Néanmoins, lors d'un échange avec son épouse, celle-ci nous a fait part, telle une anecdote insignifiante, du fait que son époux a toujours souffert de migraines épouvantables. Ainsi, nous avons pu mettre en place une thérapeutique pour soulager sa douleur et cela a apaisé les troubles du comportement. Son épouse a exprimé qu'elle estimait que l'entrée en Ehpad était un « nouveau départ » et n'avait pas souhaité évoquer toute son histoire de vie.

• Un de nos résidents s'énervait beaucoup le matin très tôt car il réclamait un petit déjeuner avant l'heure habituelle et n'était pas compris dans cette demande aux aurores. Son histoire de vie nous a permis de découvrir que M. L avait fait des métiers qui nécessitaient de se lever très tôt (boulangerie, boucherie…).

• Mme L est très peu communicante. Elle confond les mots. Elle n'a plus de souvenir de son passé. Lors de son entrée, Mme L s'est rapidement attachée à M. C. Elle souhaitait le raccompagner en chambre, l'aider à s'installer pour le repas. Elle a commencé à le mettre en danger (le monsieur était diabétique, avec des difficultés à la mobilité). Échange en équipe : besoin d'occuper en permanence la résidente, comment lui faire comprendre qu'elle met en danger le résident. Rendez-vous avec le fils, la psychologue, l'Idec et la directrice. Nous avons demandé à son fils de nous en dire plus sur sa maman. Finalement, il nous a appris qu'elle s'était occupée de son mari pendant plusieurs années avant le décès de ce dernier. Réponses satisfaisantes de la part de la famille. Actions mises en place après la réunion (avec des propositions de la famille) : Mme L aide l'ACV pour faire du petit ménage, son lit, elle sort une à deux fois par semaine avec une dame de compagnie car Mme L était très sportive.

• Lors d'un atelier sensoriel sur le toucher (diverses étoffes), une dame ayant de graves troubles de la mémoire et souvent très triste a raconté comment elle cousait des robes de mariée lorsqu'elle était couturière. Ce fut un moment de bonheur pour elle. Comment continuer à lui apporter de tels moments de bonheur et à la valoriser ? L'intégrer à l'atelier tricot-couture nous a paru une solution évidente, ainsi que lui permettre de réparer parfois des vêtements, aller parfois dans la lingerie.

QUE FAIRE D'UNE LOURDE CONFIDENCE FAITE À TITRE PERSONNEL ?

• Il y avait une résidente qui présentait un handicap mental dans l'établissement. Un jour, cette résidente a demandé à voir l'aide-soignante (elle, pas une autre). Elle a demandé à l'aide-soignante de s'asseoir. Elle lui a alors raconté avec ses mots qu'elle avait vécu un accouchement et qu'on lui avait pris son bébé. Ce jour-là elle avait eu très mal au ventre. Elle a mis au monde un enfant dans ses toilettes. Cet enfant a été pris par les soignants, et la résidente n'a jamais revu sa fille. L'aide-soignante est allée voir la psychologue. La psychologue a parlé à la famille sans en parler à l'aide-soignante. Les sœurs se sont énervées, ont dit que l'événement était faux. Elles ont parlé à la résidente qui n'a plus jamais osé reparler de tout cela. L'aide-soignante considère avoir fait une « grosse erreur », car elle a eu l'impression d'avoir brisé la confiance de la résidente. Il n'y avait pas de moment collectif dans l'établissement pour déposer ce genre de souvenirs douloureux. Problème : trahison de la confiance du résident. Ce qui était problématique, c'est le fait que l'aide-soignante en parle ou la réaction de la famille ? La famille a étouffé ce qui était important pour la résidente : qu'est-ce qui était le mieux à faire ? L'étouffer aussi ? Accompagner sa famille dans sa douleur ? La résidente n'avait pas demandé qu'elle garde le secret. L'aide-soignante a-t-elle été simplement un vecteur pour exprimer ce souvenir ? Est-ce que l'institution aurait le pouvoir de passer outre le secret de famille et aider la résidente dans ses recherches ? Fallait-il demander à la résidente ce qu'elle voulait qu'on fasse de cette information ? Vivait-elle une réminiscence quand elle avait une douleur au ventre ? Qu'est-ce qu'on fait d'une confidence ? La résidente avait-elle juste besoin d'en parler ? Que fait-on d'un événement traumatique qu'un résident nous transmet ? Qu'est-ce qui se passe quand un événement vient percuter sa propre histoire ? Le soignant est-il un confident ? La véracité du souvenir est-elle importante ? Pourquoi, à ce moment-là, la personne s'est-elle confiée ? Est-ce que se confier permet d'oublier le souvenir traumatique ? Faut-il une conduite à tenir après une confidence traumatique ? Comment pouvait-on aider ces personnes ? Y a-t-il un impact sur le quotidien de la personne ? Si l'équipe est au courant, est-il possible de rester neutre ? N'y a-t-il pas un risque d'être maltraitant ?

• Lors de ma première direction d'un établissement, j'ai été contacté par le Comité français pour Yad Vashem car une des résidentes durant la dernière guerre avait caché des enfants juifs. Ce comité souhaitait qu'elle soit nommée « juste parmi les justes ».

Cet épisode de sa vie nous était totalement inconnu et elle le cachait car cela correspondait à son tempérament. Nous avons presque dû refuser d'organiser une cérémonie car elle ne souhaitait pas être dans la lumière. Sur un thème similaire, une résidente refusait de prendre des douches... car cela réveillait le souvenir traumatisant d'avoir été en camp de concentration. Ainsi, les toilettes ont été adaptées lorsque sa famille nous en a fait part.

QUAND L'ABSENCE DE MÉMOIRE CRÉE LE TROUBLE SOCIAL

• Une résidente a l'habitude de déambuler dans le jardin de l'établissement et depuis quelque temps arrache de manière importante les branches des arbustes qui composent la haie. Elle a donc réussi à faire de véritables trous dans cette haie, qui ne joue plus son rôle de « barrière », et passe allègrement de l'autre côté du jardin. Nous avons essayé d'interroger la résidente elle-même sur cette habitude, mais elle n'a pas su nous expliquer. L'équipe a bien senti que cela était « compulsif » et qu'elle ne pouvait s'en empêcher. Cette dame, d'origine magrébine, s'exprime le plus souvent dans sa langue maternelle, non comprise par la plupart du personnel. Cependant nous avions compris par quelques mots « lâchés » en français que cette habitude avait à voir avec la nourriture. Nous avons interrogé sa fille, qui nous a confié que sa mère, plus jeune, avait l'habitude de cueillir des herbes dans le jardin afin de préparer le repas de la famille. Ce qu'elle reproduisait aujourd'hui en arrachant les branches des lauriers et en les ramenant dans la cuisine de l'établissement. À ce jour nous n'avons trouvé que des réponses « temporaires » et pas trop satisfaisantes (par exemple, nous la faisons participer à l'atelier cuisine) : elle ne peut toujours pas s'empêcher, chaque fois qu'elle va dans le jardin, de couper ces branches. Cela finit par faire de gros dégâts...

LA QUESTION À POSER EST CELLE DU BONHEUR

Entretien avec David Foenkinos[1]

Que retenez-vous de votre participation aux Estivales de Partage & Vie, en particulier de vos échanges avec les professionnels ?

David Foenkinos – J'ai été véritablement touché, ému même, par les leçons de vie émanant de leurs témoignages. D'abord à cause de leurs aspects positifs. On répète sans cesse que la vieillesse est un naufrage. Il y a bien sûr une part de vrai dans cette affirmation, et l'on ne saurait masquer les difficultés réelles des fins de vie. Mais on ne doit pas oublier les faits positifs, les personnes qui ont de grands sourires et de l'humour. Rappeler cet aspect de la réalité fait du bien. D'autant plus que depuis la parution du livre de Victor Castanet, *Les Fossoyeurs*, une image extrêmement négative des Ehpad a trop souvent pris le dessus. Dénoncer des scandales et des exemples de maltraitance est indispensable, mais il est injuste que ce soit au détriment de celles et ceux qui se dévouent, jour après jour, avec attention et

1. Romancier, scénariste.

bienveillance, à l'accompagnement des personnes de grand âge.

En ce qui me concerne, j'ai passé beaucoup de temps dans les Ehpad auprès de mes grands-mères, et j'ai été émerveillé de voir au quotidien tous ces hommes et ces femmes incroyablement présents et dévoués. Ces personnes ont une immense importance pour les résidents : elles accompagnent les derniers moments de leur vie. Il y a là une symbolique et une puissance immenses. Ce sont les derniers humains présents qui accompagnent jusqu'au dernier souffle, jusqu'au dernier instant. Je suis extrêmement admiratif de tous ces gens qui font bien plus qu'un simple travail, un geste d'humanité. Et j'ai été heureux de les retrouver et de les écouter aux Estivales. J'ai en effet de multiples souvenirs de toutes les personnes que j'ai pu côtoyer, et qui œuvraient heure par heure avec une tendresse incroyable. Elles sont encore dans ma mémoire.

Par exemple ? Pourriez-vous décrire une scène qui vous a marqué et qui vous semble emblématique de cette tendresse ?

D. F. – Je me souviens d'une artiste qui venait dans la maison de retraite et qui passait voir chaque pensionnaire pour demander quelle était sa chanson préférée. J'ai trouvé cette démarche à la fois simple et belle. Et le dimanche, quand elle chantait, elle offrait ainsi à chacun sa chanson préférée. Au-delà de cette douce attention, il y a toujours une beauté à se replonger dans nos souvenirs sensibles. Il existe, pour chacun de nous, une bande-son de notre vie.

Chercher sa chanson préférée, c'est chercher un souvenir, c'est retrouver une époque. Je me suis aussi dit, à ce moment-là, que certains gestes pouvaient être plus puissants que des décisions budgétaires ou autres. Ce sont de petites choses.

Cette forme singulière de tendresse et de présence inventive est au cœur du roman Les Souvenirs, *publié en 2011 chez Gallimard. C'est un roman sur la mémoire, le grand âge, les liens entre générations, mais aussi sur les détails du quotidien dans les Ehpad. Comment avez-vous recueilli tous ces faits ?*

D. F. – Ce livre a été réellement nourri, pendant des mois et des années, au quotidien, par ma fréquentation des Ehpad. Je prenais des notes sur presque tout, même le menu du restaurant. Il est clairement reproduit dans mon livre, avec cette fameuse « salade iceberg », qui n'a pas manqué d'humour noir alors que les existences sont dans la situation du *Titanic*. Je parle aussi de la décoration, qui manque parfois de beauté au quotidien. J'ai vu mille choses, dont des histoires d'amour aussi. C'est extraordinaire de voir un veuf et une veuve qui fricotent. Il y a toute la vie représentée dans ces moments-là.

Parmi les détails que je notais en permanence, certains appartiennent à un registre d'activité dont on a peu parlé, parce qu'il concerne moins directement la mémoire : c'est le divertissement, le travail accompli pour faire vivre les établissements avec des films, des concerts. Une belle énergie est déployée pour faire venir la vie dans des quotidiens moroses. Malgré tout, ces moments de joie, et souvent d'humour, ne peuvent empêcher certains d'éprouver fortement le sentiment de ne plus être eux-mêmes, d'avoir changé de place, d'être privés de leur existence habituelle.

Comme si, tout en restant soi-même, on ne l'était plus complètement ?

D. F. – Exactement. Cette dépossession est le sujet central de mon livre. Quand on devient les enfants de ses propres enfants, d'une certaine manière, quand on ne décide plus réellement de ce qu'on fait, quand on n'a rien à donner. Une femme qui demande toutes les deux minutes : « Est-ce que je peux avoir une cigarette ? », c'est aussi une femme qui n'a pas de cigarette, qui est tributaire des autres. Cette perte multiforme et les difficultés qu'elle entraîne constituent le thème de ce livre. Quand il a été adapté au cinéma par Jean-Paul Rouve, en 2014, avec Annie Cordy dans le rôle principal, la grand-mère décide, à un moment donné, de faire une fugue, de quitter cette maison de retraite parce qu'elle estime ne pas y être à sa place et se trouve totalement dépossédée de ses choix de vie.

Votre grand-mère ressemblait au personnage incarné par Annie Cordy ?

D. F. – Non, car le roman n'est pas autobiographique. Ma grand-mère ne possédait pas la même énergie, et, comme la plupart des gens, elle s'est retrouvée en Ehpad à la suite d'un accident. Toute la difficulté, pour les familles, est de savoir à quel moment prendre la décision. Une défaillance physique est très souvent l'événement déclencheur. Dans ma famille, comme dans plein de familles, c'est une chute qui a révélé l'impossibilité de continuer comme avant, de se gérer physiquement au quotidien, tout en ayant pleinement sa tête, ses capacités intellectuelles. Il y a quantité de gens qui ont cent pour cent de leurs capacités mentales et se retrouvent entourés de personnes qui, elles, perdent la tête, comme on dit, et n'ont plus du tout la même énergie. Cette situation qui tire vers le bas peut être extrêmement violente.

Cette dépossession dont vous parlez prend-elle d'autres formes encore ?

D. F. – La privation de pouvoir donner en est une autre manifestation. Quand j'allais chez ma grand-mère, elle me donnait toujours de petites choses à manger, et c'est vrai qu'une fois en établissement, elle ne pouvait plus le faire. Alors elle piquait tous les sucres des yaourts et à chaque fois que j'allais la voir, elle me disait : « Tiens, je te donne dix sachets de sucre, quinze sachets de sucre. » La privation, c'est aussi ne plus être en possession du pouvoir de partager. J'avais les larmes aux yeux à chaque fois qu'elle me donnait du sucre, comme si c'était la seule chose qu'elle pouvait me donner. Je crois que les choses sont en train de commencer à changer, et c'est heureux, car je trouvais bouleversant que les gens soient privés de cette liberté-là aussi, celle de pouvoir être généreux.

Ne reste-t-il pas la possibilité de partager les souvenirs, d'évoquer le passé, de transmettre ?

D. F. – Très souvent, quand je vais rencontrer des lycéens, on me demande des conseils sur l'écriture. Ma réponse principale, c'est la curiosité et notamment celle d'interroger ses grands-parents. Je leur dis : « Allez poser des questions à vos grands-parents, nourrissez-vous de leur vie ! C'est comme ça qu'on peut aussi nourrir son imagination et son propre vécu. » Pourtant, pour moi, dans la réalité, c'était un peu différent. J'ai passé beaucoup de temps à voir mes grands-mères, à essayer de les interroger, à travailler d'une certaine manière leur mémoire, mais... ça ne marchait pas du tout !

Et pourquoi ?

D. F. – Difficile à savoir, mais ça ne marchait pas du tout. On parle beaucoup de la transmission, mais il y a aussi le cas de personnes âgées qui ne veulent pas du tout parler du passé. J'étais toujours face à un mur. Dès que je posais des questions, ma grand-mère, me disait : « Tu sais, la nouvelle aide-soignante, il faut que je te raconte. Elle a son neveu qui écrit. Tu ne veux pas lire ses nouvelles ? » Alors, je me retrouvais avec des nouvelles. Il y avait toujours la nièce d'une des femmes qui voulait faire du cinéma, donc elle me dit : « Il faut que tu la rencontres. » Elle parlait tout le temps des autres. Quand on est enfermé dans les derniers moments de vie, la mémoire se joue dans le rapport qu'on a avec l'extérieur, avec les seules personnes qui sont au quotidien avec nous, et on se nourrit de cette mémoire. J'avais le sentiment que c'était la vie des autres qui nourrissait celle de mes grands-mères. Cela peut également être douloureux de faire revivre son passé, ses joies, ce qu'on a vécu, sa propre jeunesse. Chaque personne a un rapport très particulier et intime à la mémoire.

À côté du rapport à la mémoire, la relation à la réalité dépend-elle de chacun ? Vous évoquez dans votre livre ce dilemme vécu fréquemment par les proches aussi bien que par les soignants : entrer dans la réalité imaginaire de l'autre ou lui rappeler la réalité commune ? Avez-vous une solution ?

D. F. – C'est vraiment un point particulièrement complexe, qu'on peut aussi retrouver avec certaines personnes en fragilité psychiatrique. Est-ce à nous de nous glisser dans cette nouvelle réalité, au point de renoncer à tout retour au normal ? Ou faut-il sans cesse batailler pour mettre la personne qu'on aime face à ce qu'elle veut fuir ? Je pense qu'à un certain âge, ce qui compte, c'est de voler des éclats de bien-être. La question à poser est celle du bonheur de la personne âgée. Où est-elle bien ? Dans le déni ou dans le réel ? Quand viennent les dernières années, il faut s'accommoder aux errances. Il faut lâcher prise. Je me souviens que mon grand-oncle avait été un joueur de football du Red Star, et avait participé à la création du PSG. Quand je lui parlais de cette époque, il mélangeait les dates et les joueurs. Je continuais de le faire parler alors que rien n'était exact ; mais cela m'importait peu. Je ne cherchais pas la vérité, mais le plaisir pris par cet homme à se raconter des histoires.

Comment réagir face à des dysfonctionnements de la mémoire qui entraînent des comportements déconcertants ?

D. F. – Là encore, cela dépend vraiment du degré du dysfonctionnement. Est-ce un petit dérapage du réel, ou quelque chose de bien plus profond ? Nous sommes par exemple confrontés à Alzheimer, par nos proches ou des parents d'amis. Qu'y a-t-il de plus douloureux que de ne pas être reconnu par son père ou sa mère ? Florian Zeller en a tiré une pièce bouleversante avec Robert Hirsch, puis un film magistral avec Anthony Hopkins, *The Father*. Il mettait en scène le désarroi d'un homme perdu dans le dédale de sa mémoire. On voit bien dans le film les tentatives faites par sa fille de le raisonner, elle finit par s'agacer, avant d'abdiquer. S'il s'agit de vagabondages partiels, il faut peut-être rappeler le réel, le noter par écrit. Il est clair, en tout cas, qu'il n'y a pas de généralité ou de méthode à suivre. La mémoire est peut-être l'outil le plus intime de l'homme.

Le souvenir est-il une reconstruction permanente du passé ?

D. F. – René Char a écrit : « Vivre, c'est s'obstiner à achever un souvenir. » Cette sublime formule, qui a souvent été citée par Modiano, incite à penser qu'il y a effectivement un lien ininterrompu entre le passé et ce que nous vivons. Le souvenir, c'est une trace qui ne nous quitte pas. Cela peut nous hanter. Qu'il soit merveilleux ou douloureux. Le souvenir est la part persistante de notre mémoire. C'est cette main qui nous retient en arrière. Il est assez juste de parler de reconstruction, car un souvenir n'est pas figé. Avec le temps, il se modifie et évolue. C'est ainsi une façon d'observer notre passé à l'aune de ce que nous avons vécu après. Au bout d'une vie, il ne reste que ça : l'élection de quelques souvenirs.

Quelle est la place de la mémoire dans le travail de l'écrivain ?

D. F. – En ce qui me concerne elle est centrale. Le livre qui a sûrement la plus grande place dans ma vie littéraire, c'est *Charlotte*. Un livre à la mémoire d'une peintre oubliée : Charlotte Salomon. Mon obsession littéraire était de la ramener à la lumière. J'ai traqué sa mémoire pendant des années. Par ailleurs, c'est dans ma mémoire que je puise les émotions et les sensations. Écrire, c'est abandonner le présent. Et ainsi, j'ai souvent le sentiment de pouvoir faire vivre des situations grâce aux souvenirs. Souvent, les souvenirs qui restent sont ceux qui vont nous être utiles par la suite, dans la création ou dans certaines situations de vie. On ne retient pas les choses par hasard.

Vous dites qu'écrire consiste à rattraper le retard pris sur les mots (ceux que l'on n'a pas prononcés, au moment voulu). On court après ? Toujours ?

D. F. – Oui, c'est une part importante de l'écriture. Pouvoir enfin dire ce qu'on n'a pas su dire à temps.

Écrire permet le temps de la lenteur, et la maturation des idées. On peut enfin être à l'heure avec ce qu'on doit avouer de nos sentiments. Au début du livre *Les Souvenirs*, le narrateur s'en veut de n'avoir pas su dire à son grand-père qu'il l'aimait. Il s'est amputé d'une tendresse qu'il regrette amèrement. En écrivant, il tente aussi de rattraper ses erreurs émotionnelles. Il y a dans l'écriture cette forme de consolation du passé. C'est aussi pour cela que je me sens follement soumis au roman, à ce monde qu'on invente pour rencontrer à nouveau son passé.

Deuxième partie

Mécanismes de la mémoire

Comprendre pour mieux aider

À la description des situations doivent succéder des explications, des informations destinées à comprendre afin d'améliorer l'accompagnement. Impossible, en effet, d'agir uniquement à partir d'intuitions et de sensibilité. Si elles sont indispensables, elles doivent également être éclairées, guidées et soutenues par ce que nous apprennent les découvertes scientifiques récentes sur les mécanismes de la mémoire et leur fonctionnement.

Il ne s'agit évidemment pas de présenter un exposé détaillé des résultats actuels de la recherche. De nombreuses publications s'y emploient, dont les registres de difficulté correspondent à des publics distincts, chercheurs ou profanes. Ce que nous avons voulu, c'est un rappel de quelques points essentiels pouvant permettre aux familles, aux proches, au personnel soignant d'être moins surpris, et peut-être moins anxieux ou moins déconcertés, face aux troubles de la mémoire chez les personnes âgées.

C'est pourquoi nous avons demandé au professeur Lionel Naccache de mettre en lumière certaines propriétés majeures du fonctionnement de la mémoire, étudiées et établies depuis le XIXe siècle, qui débouchent sur des conseils pratiques pour adopter la bonne attitude. Médecin, chercheur, professeur, ce savant de renommée mondiale, qui a été membre du Comité consultatif national d'éthique, est également l'auteur d'une œuvre personnelle qui explore des pistes novatrices en sciences humaines. Remarquable vulgarisateur, il tisse des liens entre la recherche de pointe et le grand public.

Il rappelle la différence entre deux grands types de mémoire, l'une consciente, concernant les épisodes de notre vie, l'autre engrangeant des apprentissages gestuels. Il montre que cette dernière persiste, et peut s'accroître, même si la première se détériore et décline. En fait, parler de « la » mémoire humaine s'avère être une erreur. Mieux vaut parler « des » mémoires, distinctes par leur processus et leur organisation.

Cette analyse conduit Lionel Naccache à montrer comment la mémoire des épisodes de la vie est liée à l'anticipation aussi bien qu'au passé parce qu'elle est en relation profonde avec le « codage neuronal de l'espace ». Cette évocation des acquis des neurosciences débouche sur une série de conseils pratiques pour maintenir et améliorer les relations avec les personnes dont la mémoire flanche. Les proches comme les professionnels devraient y trouver une riche matière à réflexion.

Il en va de même, sur un registre distinct, des propos du philosophe Fabrice Gzil en réponse aux questions de Roger-Pol Droit. Spécialiste de la maladie d'Alzheimer, à laquelle il a consacré plusieurs ouvrages, professeur associé de philosophie et d'éthique à la faculté de médecine de l'université Paris-Saclay, membre du Comité consultatif national d'éthique, il porte un regard aigu sur l'ensemble des problèmes soulevés par les déficits de la mémoire et leur accompagnement.

Il insiste particulièrement sur la continuité de la personne et la persistance du sentiment de soi. La perte des souvenirs ou la détérioration de la mémoire immédiate ne font pas disparaître ces éléments, contrairement à ce qu'affirment certains. Montrant comment et en quel sens les personnes atteintes de cette maladie et d'autres pathologies apparentées sont « perdues dans le temps », Fabrice Gzil propose une série de recommandations profitables à tous qui tiennent compte de la vulnérabilité des malades et de leur dignité.

Roger-Pol Droit conclut ce chapitre par trois remarques mettant en rapport l'histoire de la philosophie avec le thème de ce volume, plus particulièrement les liens entre mémoire, espace, émotions et singularité de l'individu. Première remarque : les interrogations sur les mécanismes de la mémoire sont fort anciennes et récurrentes. Toute l'histoire de la pensée occidentale est tramée de théories dans lesquelles se posent, de siècle en siècle, les mêmes questions, et parfois se formulent déjà des hypothèses que reprennent les recherches contemporaines.

Il en va ainsi – deuxième remarque – des liens de la mémoire avec l'espace et l'émotion. Ce thème très actuel, dont traitent Lionel Naccache aussi bien que Claude Jeandel dans la suite de ce volume, est au cœur des « arts de la mémoire » inventés par les

Grecs, expliqués par Cicéron, transmis au Moyen Âge et développés à la Renaissance. Le souvenir n'est pas un point fixe, plutôt un parcours spatial, une déambulation, dont certains lieux sont ponctués d'affects. Les Anciens ont abordé ces idées que nous redécouvrons par d'autres moyens.

Encore faut-il compléter ce bref rappel, ajoute Roger-Pol Droit, par le changement introduit, au XIXe siècle, entre « se souvenir » et « se rappeler » par le philosophe danois Kierkegaard. Car il ne s'agit pas d'une nuance, mais bien d'une mutation. Se rappeler est un mécanisme objectif : on sait encore, ou on ne sait plus, l'altitude du Mont-Blanc ou la capitale de la Colombie. Se souvenir est une aventure subjective, très différente pour chaque personne, dissemblable pour celle qui a été au sommet du Mont-Blanc ou pour celle qui a vécu à Bogota.

Autrement dit, liée à l'espace et à l'émotion, la mémoire dépend aussi d'une existence individuelle. Il faut donc, en accompagnant une personne âgée, se demander d'abord qui elle est. Ce n'est pas un être humain « en général » qui se souvient de « connaissances générales ». Une existence unique se rappelle les liens qui l'ont émue.

Au sein de nos mémoires, la mémoire épisodique est projective et ancrée dans nos déambulations

Lionel Naccache[1]

J'ai choisi pour ce chapitre un titre dont la pleine compréhension requiert, pour les non-familiers du domaine, de lire les pages qui suivent. Autrement dit, il s'agit d'un « titre-test » mis à la disposition des lecteurs afin de comparer la différence de résonance subjective d'un même énoncé, après et avant leur lecture du texte qu'il intitule. N'oubliez donc pas de relire ce titre, une fois parvenu à la fin du chapitre.

Je vais me concentrer sur trois propriétés majeures de la mémoire humaine qui ont été découvertes au fil d'une histoire neurologique et scientifique fascinante qui a débuté vers la fin du XIXe siècle. L'étude de la mémoire, tout comme celle des autres facultés mentales ou cognitives, n'échappe pas au principe suivant : l'analyse des perturbations de notre vie mentale causées par la maladie joue un rôle décisif dans la compréhension, non seulement des maladies en question, mais du fonctionnement de l'esprit humain

1. Chef du service de neurophysiologie clinique à l'hôpital de la Pitié-Salpêtrière (AP-HP), professeur à Sorbonne Université.

en général, au-delà des affres de la maladie neurologique ou psychiatrique.

La neuropsychologie permet ainsi d'établir des liens profonds entre le normal et le pathologique, avec l'idée que les perturbations de la vie mentale permettent souvent de mettre en lumière de manière « caricaturale », et donc plus simple à voir, des propriétés générales du fonctionnement de l'esprit et de son ancrage biologique. Langage, mémoire, conscience, prise de décision, perception, imagination, créativité… toutes les facettes de notre vie subjective sont concernées par ce principe.

Nous allons ici nous focaliser sur notre mémoire, ou plutôt sur nos mémoires, en poursuivant tout particulièrement la mémoire consciente des épisodes de notre existence. Au terme de ce parcours, nous proposerons quelques clés de navigation pour continuer à tisser des liens intersubjectifs singuliers et habités lorsque nous sommes face à une femme ou un homme entravé par l'une des maladies de la mémoire épisodique, au premier rang desquelles la maladie d'Alzheimer ou les maladies apparentées.

LA MÉMOIRE EXPLIQUÉE PAR SES TROUBLES

En 1889, Sergueï Korsakoff, neurologue et psychiatre russe, décrit une affection tout à fait singulière dans laquelle des malades, souvent en proie à un alcoolisme chronique dévorant, perdent en quelques jours, et souvent malheureusement de manière définitive, la mémoire. Plus précisément, ces patients perdent la capacité de créer de nouveaux souvenirs – amnésie dite « antérograde » –, tandis que leur capacité à évoquer des souvenirs plus anciens est davantage respectée. Ce tableau clinique est tout à fait stupéfiant parce que de tels patients conservent une intelligence générale et des capacités intellectuelles tout à fait normales.

Si vous entrez par exemple un matin dans la chambre d'hôpital d'un tel patient et que vous commencez par le saluer, il vous répondra de manière tout à fait adaptée et s'exprimera en des termes sensés et adéquats. La sévérité de son amnésie se révélera cependant si vous ressortez de sa chambre, fermez la porte, puis la rouvrez quelques secondes plus tard. Ce patient n'aura conservé aucun souvenir conscient de votre visite immédiate et vous saluera donc à nouveau avec la même surprise que s'il vous apercevait pour la première fois de la journée ! Rappelons que cette maladie de la mémoire est d'autant plus remarquable que, contrairement à d'autres affections, comme les formes avancées de la maladie d'Alzheimer, dans lesquelles une amnésie antérograde sévère est également présente, elle s'accompagne ici d'un respect de la plupart des autres capacités cognitives.

Au sein de cette description clinique, Korsakoff glissa malicieusement une phrase qui n'allait être véritablement entendue et comprise qu'au milieu des années 1950. En réalité, Korsakoff a pris conscience d'un phénomène tout à fait surprenant : ces malades qui ont tout simplement perdu la capacité à élaborer des souvenirs conscients de ce qu'ils sont en train de vivre sont encore capables de mémoriser des informations sous d'autres formes de souvenir que le souvenir conscient explicite ! Sous sa plume, ce constat prend la forme suivante : « [...] Toute une série de traces qui ne peuvent aucunement être établies dans la conscience [...] continuent à diriger la marche des idées des malades [...] Cela me paraît être l'une des particularités les plus intéressantes du trouble dont nous parlons. »

En 1911, Édouard Claparède, spécialiste suisse de la mémoire, a rapporté une illustration clinique saisissante de cette découverte de Korsakoff. Claparède aurait serré la main d'une patiente atteinte d'un syndrome de Korsakoff en dissimulant une épingle dans la paume de sa propre main. Bernée, cette patiente a dû ressentir une vive douleur en lui serrant la main. Le lendemain matin, Claparède lui tendit à nouveau la main, mais cette fois elle refusa de la lui serrer, alors qu'elle ne se souvenait absolument pas de l'épisode de l'aiguille ! Autrement dit, le comportement de cette patiente incapable d'accéder à la moindre représentation consciente de son passé immédiat révèle l'existence de représentations mentales inconscientes élaborées qui interviennent de façon active dans son comportement.

Cette dissociation fondamentale entre le souvenir conscient des épisodes du passé et d'autres formes de souvenirs élaborés mais non consciemment remémorés devait pourtant rester relativement ignorée jusqu'à un beau jour de l'année 1953, quelque part sur la côte est du continent nord-américain. Monsieur H. M. est alors un jeune homme de 23 ans dont la vie quotidienne est devenue insupportable depuis plusieurs années en raison de crises épileptiques nombreuses et rebelles à tous les traitements médicamenteux prescrits par ses médecins. William Scoville, neurochirurgien de son état, tenta alors un ultime traitement en réalisant l'ablation chirurgicale d'une large partie de la face interne des deux lobes temporaux du cerveau de H. M. La redoutable efficacité de cette intervention sur l'épilepsie de H. M. n'allait pourtant pas accaparer longtemps l'attention de ses médecins. Ces derniers ne tardèrent pas à découvrir qu'ils venaient de donner naissance de manière quasi expérimentale au syndrome amnésique antérograde le plus sévère de l'histoire de la neurologie ! En ressortant du bloc neurochirurgical, H. M. pénétra à tout jamais dans un univers où chaque nouvel instant effaçait le précédent sans en laisser le moindre souvenir conscient, à l'image de vagues successives qui se brisent inexorablement sur le sable en effaçant chaque fois les traces laissées par la vague précédente.

À la différence de Sisyphe, H. M. n'a pas conscience d'habiter ce monde détruit et rebâti sans cesse. Le caractère affable de H. M. et l'incroyable tableau qu'il présente sont à l'origine d'un nombre impressionnant de publications scientifiques qui lui sont consacrées dès 1957. H. M n'a aucun souvenir explicite du Watergate, n'a jamais mémorisé le nom d'aucun président des États-Unis, ne reconnaît pas les personnages célèbres des années 1950 et suivantes sur les photographies, est incapable de nommer des mélodies populaires de la même période. S'il semble avoir conservé un souvenir conscient d'un événement aussi considérable que la fin de la Seconde Guerre mondiale, il ne conserve que très peu de souvenirs dépassant l'âge de ses 16 ans. Suzanne Corkin, psychologue américaine qui a travaillé plusieurs années avec H. M., a rapporté de nombreuses anecdotes, souvent touchantes, comme cette réunion des anciens élèves du lycée où il étudia : « Plusieurs de ses camarades de classe se souvenaient de lui et ils l'accueillirent chaleureusement : une femme même l'embrassa. Pour notre part, nous avons toutefois constaté que H. M. ne reconnaissait aucun visage, aucun nom. » Frappée par la secousse médiatique consécutive à ce cas d'amnésie relativement pure induit par des lésions localisées de l'écorce cérébrale humaine, la communauté scientifique et médicale n'allait pas tarder à être secouée par une réplique bien plus ravageuse encore : la résurrection de la petite phrase de Korsakoff !

Assez rapidement, la fréquentation assidue du patient H. M. conduisit les psychologues en charge de sa rééducation à la question suivante : H. M. est-il encore capable de mémoriser certaines formes d'informations inaccessibles à sa mémoire consciente ? Aborder cette question de manière expérimentale requiert beaucoup d'astuce. Comment vérifier en effet si H. M. a conservé certaines traces d'une expérience passée, alors même que ce patient n'en rapporte consciemment aucune ? Autrement dit, comment interroger le cerveau du patient H. M. sans interroger H. M. directement ?

L'une des solutions à cette question consiste à s'intéresser à ses capacités d'apprentissage. La mise en évidence d'une amélioration progressive des performances de H. M. dans diverses épreuves démontrerait l'existence d'une certaine mémoire du passé, quand bien même cette mémoire opérerait à l'insu de H. M. Si l'on vous demande de dessiner correctement un objet dont on vous présente une image en miroir, vous éprouverez initialement beaucoup de difficultés – en supposant bien sûr qu'il ne s'agisse pas pour vous d'une tâche coutumière –, vous commettrez de nombreuses erreurs et un temps important vous sera nécessaire pour mener à bien cet exercice. Avec la répétition des séances de dessin en miroir, vos performances vont rapidement s'améliorer, vous allez mettre en œuvre des stratégies adaptées aux transformations géométriques associant un objet à son image en miroir et, au bout de quelques jours, voire quelques semaines, vous deviendrez un expert capable de dessiner en miroir avec une grande précision et une vitesse d'exécution remarquable. Si un novice venait alors à passer devant vous et à s'exclamer de votre talent, vous ne manqueriez pas de lui rappeler que vous avez passé un temps important à apprendre cette procédure et vous pourriez sans difficulté lui raconter vos souvenirs de ces nombreuses séances d'apprentissage. Qu'en serait-il pour H. M. dans une telle situation ? À la surprise générale, les capacités d'apprentissage de ce patient dans la tâche du dessin en miroir se sont trouvées être... tout à fait similaires à celles de sujets normaux non amnésiques ! Pourtant, H. M. ne conservait aucun souvenir conscient de ces séances répétitives, et chaque fois il avait la certitude de dessiner en miroir pour la première fois de son existence. Cette découverte a par la suite été généralisée à d'autres formes d'apprentissages visuo-moteurs.

Ces exemples illustrent l'existence de formes distinctes de mémoires : la mémoire consciente des épisodes de notre propre vie, déficiente chez H. M., est différente de notre mémoire d'une procédure gestuelle complexe comme le dessin en miroir. D'un point de vue anatomique, les régions de notre cerveau impliquées dans ces deux formes de mémoires sont d'ailleurs différentes. Cela explique pourquoi H. M., qui a des lésions des régions cérébrales dites « temporales internes », est déficient dans la mémoire épisodique, qui nécessite l'intégrité de telles structures, tandis qu'il reste tout à fait performant dans des tâches mettant en œuvre la mémoire procédurale, qui est quant à elle associée à une région sous-corticale dite « des noyaux gris centraux », région normale chez H. M.

Cette dissociation entre ces deux formes de mémoire – la mémoire épisodique et la mémoire procédurale – est également confortée par la mise en évidence d'une dissociation inverse. Dans la maladie de Parkinson – maladie qui s'accompagne d'une destruction progressive de cette fameuse région des noyaux gris centraux –, on constate que les patients sont dotés d'une excellente mémoire des épisodes de leur vie, alors qu'ils présentent d'importantes difficultés dans la mémorisation des procédures motrices. De nombreuses études conduites sur de larges populations de patients amnésiques ont depuis permis de confirmer et préciser l'existence de ces deux mémoires différentes. Une fois posée l'existence de ces deux systèmes de mémoire, notre puissante intuition naïve d'une mémoire unitaire vola en éclat, et les neuropsychologues s'attelèrent rapidement à rechercher un troisième, un quatrième, puis un énième nouveau système de mémoire.

DE LA MÉMOIRE AUX MÉMOIRES

La petite révolution scientifique inaugurée par l'observation géniale de Korsakoff a ainsi modifié considérablement notre conception de ce qu'est notre mémoire, depuis le stade d'une mémoire pensée comme un processus mental unitaire et indissociable, jusqu'à celui d'une fonction mentale éclatée en plusieurs processus psychologiques, relativement indépendants les uns des autres, sous-tendus par l'activité de régions différentes de notre cerveau.

Cette théorie de la mémoire ou plutôt des mémoires humaines, qui a été essentiellement découverte à partir de l'observation de patients amnésiques, s'est avérée tout à fait pertinente et valide pour décrire les systèmes de mémoire du sujet neurologiquement sain. Cette extension de la théorie des systèmes de mémoire chez le sujet sain a nécessité la mise en œuvre de méthodes de psychologie expérimentale particulièrement sophistiquées et s'est également aidée des outils modernes d'étude *in vivo* du fonctionnement de notre cerveau que sont l'imagerie par résonance magnétique et la caméra à positons.

À l'issue de cette brève incursion dans l'univers des neurosciences de la mémoire humaine, nous retiendrons donc qu'en quelques dizaines d'années à peine, notre « mémoire consciente épisodique » est passée du statut d'expression tautologique – puisque jusqu'alors la mémoire n'était censée être que cette mémoire consciente – à celui de sommet d'un iceberg constitué d'une multitude d'autres systèmes de mémorisation. On dénombre ainsi aujourd'hui une dizaine de systèmes mnésiques différents et relativement indépendants qui concourent à façonner de concert ce que nous appelons, d'un mot, notre « mémoire » : mémoire épisodique consciente de notre existence, mémoire sémantique, mémoire émotionnelle par conditionnement, mémoire procédurale, mémoires sensorielles aussi nombreuses que nos différents sens, etc.

L'une des conséquences de cette découverte est l'importance à attribuer à nos différentes formes de mémoire lorsqu'il s'agit de rééduquer ou d'accompagner un patient qui souffre d'une maladie neurologique qui affecte notamment l'une d'entre elles. À commencer par l'attention allouée aux formes de mémoire implicites et non conscientes chez les patients atteints d'une maladie d'Alzheimer.

LA MÉMOIRE ÉPISODIQUE PARTICIPE D'UNE CAPACITÉ DE PROJECTION MENTALE HORS DE L'ICI ET MAINTENANT

Un ensemble de données suggère que l'exercice de notre mémoire consciente des épisodes passés de notre existence (la mémoire épisodique) n'est en fait que le sommet de l'iceberg d'une fonction mentale projective autrement plus générale : l'une des propriétés mentales de notre espèce tient en effet dans notre capacité à sortir de la prison permanente du *ici et maintenant.*

Il y a quelques années, des chercheurs et des neurologues, en étudiant la maladie d'Alzheimer, qui est une maladie très importante à plusieurs égards, se sont posé la question un peu provocatrice de la mémoire du futur. On a évidemment la mémoire du passé, mais on est capable également de se projeter dans l'avenir et d'envisager ce que l'on désire faire et de s'en souvenir. On peut appeler cela une mémoire du futur. Par exemple, si vous vous projetez dans la semaine qui va suivre en vous disant « je vais faire ceci ou cela » ou « je vais aller là », etc., on peut essayer de s'intéresser à ces performances. Le point mis en évidence est qu'en réalité mémoire du futur et mémoire du passé dépendent absolument des mêmes fonctions cérébrales et des mêmes réseaux cérébraux. Lorsque vous êtes malade de la mémoire du passé, vous êtes malade de la mémoire projective, de la mémoire du futur. Cette idée est complétée par quelque chose d'assez fascinant.

Deux chercheurs américains, Randy Buckner et Daniel Carroll, ont proposé il y a quelques années une théorie qui fait sens pour de nombreux résultats de neuropsychologie et d'imagerie cérébrale fonctionnelle. Ils suggèrent que nous disposons dans notre cerveau d'un système qu'ils appellent un « système de projection mentale ». Autrement dit, à chaque moment, nous sommes ici et maintenant, ici dans l'espace, dans le temps, dans nos contextes. Il est difficile de se projeter en dehors de cet « ici et maintenant », d'échapper à notre destin immédiat. Il semble que nous ayons un réseau cérébral distribué qui est sollicité chaque fois que nous cherchons à nous projeter ailleurs que dans ce « ici et maintenant ».

Cela veut dire qu'un réseau d'aires cérébrales est stimulé, et fonctionne dans notre cerveau, lorsque nous nous projetons ailleurs dans le temps, donc lorsqu'on essaie d'évoquer des choses du temps passé, mais également de se projeter dans l'avenir. Cette projection temporelle sollicite ce système, mais également la projection spatiale. Quand vous vous projetez ailleurs dans un espace – par exemple, vous vous imaginez maintenant le trajet que vous avez fait pour venir de chez vous jusqu'ici –, lorsque vous essayez d'évoquer cette trajectoire de navigation, vous sollicitez le même système.

Par ailleurs, plus intéressant encore est ce qui se passe lorsque nous cherchons à nous projeter dans l'esprit d'autrui, à sauter dans la tête de quelqu'un d'autre, ce que l'on appelle en anglais *the theory of mind*, la « théorie de l'esprit ». On essaie par exemple de deviner quelles sont les intentions, les croyances, les postures même conscientes d'un individu qui nous fait face. Est-ce que cette personne est en train de me mentir ? Est-ce qu'elle me dit ce qu'elle pense ? Sachant qu'elle sait ce qu'elle sait, devrait-elle comprendre ce que je suis en train de lui dire ou pas ? Il semble que notre mémoire épisodique du passé appartient à un système plus vaste, un système de projection hors des contingences immédiates dans lesquelles nous sommes enfermés. Autrement dit, ce cadre conceptuel permet de penser certaines perturbations de la mémoire d'une manière bien plus générale.

Un dernier exemple : il semble bien que, dans les phases avancées de la maladie d'Alzheimer, l'effet placebo soit très altéré. Pouvoir aller mieux en recevant un placebo requiert effectivement que notre système de projection mentale soit fonctionnel et permette ainsi que nous nous projetions dans un état différent de celui dans lequel nous sommes au moment présent.

LA MÉMOIRE ÉPISODIQUE EST PROFONDÉMENT SPATIALE

En 1971, le biologiste John O'Keefe découvre chez le rat que des neurones de l'hippocampe codent pour la position que l'animal occupe dans l'espace. Il baptise ces neurones *place cells*, « cellules de lieu ». Ces neurones de lieu existent aussi dans nos hippocampes d'humains, où ils jouent une véritable fonction de GPS cérébral : à chaque instant, nous savons où nous nous trouvons, nous pouvons nous orienter, nous souvenir des lieux, les imaginer, grâce à ce système de navigation. Lorsque nous déambulons dans la journée et vivons les scènes de notre vie quotidienne, les GPS de nos hippocampes codent nos trajectoires. La nuit, lorsque nous sommes plongés dans les profondeurs du sommeil, nos GPS se rallument et se mettent à jouer en accéléré ces trajectoires de la journée passée.

Des centaines de fois. Ce *replay* nocturne permet de consolider les souvenirs des épisodes que nous avons vécus au cours de cette journée. La mémoire des lieux sous-tend ainsi la mémoire des scènes que nous avons vécues !

Ici, il s'agit d'une découverte scientifique majeure : la mémoire des épisodes de notre vie et notre orientation spatiale reposent sur le même système cérébral. Dès l'Antiquité, Cicéron avait remarqué qu'une excellente méthode pour apprendre par cœur une longue tirade consistait à imaginer une promenade dans un lieu familier (une rue, une maison) et à déposer chaque fragment du texte en question à une étape de cette navigation mentale. C'est la « méthode des lieux », toujours en usage – encore appelée « méthode des palais de la mémoire ». Cette immense découverte a été récompensée par le prix Nobel 2014, attribué à la fois à John O'Keefe et au couple de neuroscientifiques May-Britt et Edvard Moser, qui ont magistralement précisé les propriétés de ce codage neuronal de l'espace.

QUELQUES REPÈRES POUR INTERAGIR AVEC DES PERSONNES ATTEINTES DE MALADIES DE LA MÉMOIRE ÉPISODIQUE

À la lumière de ces trois principes que sont : (i) la multiplicité des systèmes de mémoire ; (ii) la nature projective de la mémoire épisodique consciente ; et

(iii) son enracinement spatial, et à la lumière d'autres éléments non développés ci-dessus, il est possible de dégager des repères de navigation pour l'interaction avec des hommes et des femmes qui souffrent de maladies de la mémoire épisodique, au premier rang desquelles la maladie d'Alzheimer. Ces repères ont également été formulés lors de la table ronde des Estivales de Partage & Vie consacrée précisément à l'usage pratique des connaissances scientifiques et psychologiques relatives à cette maladie, pour éclairer des situations quotidiennes qui soulèvent des défis, difficultés, questionnements, voire des désarrois.

L'objectif consiste à maintenir, malgré les affres de la maladie, une relation singulière du moment présent avec la personne qui nous fait face. Rester dans la relation intersubjective aussi longtemps que possible, et sans annuler cette relation vécue par une procédure protocolisée qui ferait abstraction de cette singularité, aussi bienveillante puisse-t-elle être. Continuer à se marteler le *Si c'est un homme*, magnifique titre de l'écrivain Primo Levi, ancien déporté. Ici, continuer à se rappeler que malgré les affres de la maladie de l'esprit dont souffre l'homme ou la femme qui me fait face, il s'agit toujours d'un être humain.

Parmi ces repères, je retiendrai notamment :

- évidemment, ne pas chercher la confrontation à tout prix avec ce qui échappe au patient ou avec ses faux souvenirs, ses fabulations, ses idées interprétatives plus ou moins persécutées ;
- mais ne pas s'interdire non plus de connecter la personne à des éléments clés de son identité subjective lorsque cela fait sens dans l'échange avec elle ou lui ;

- se laisser guider aussi par la réaction du patient ;
- prendre en compte l'oubli – et l'oubli de l'oubli –, qui participe souvent à l'intensité émotionnelle de la réaction du fait que le patient semble découvrir pour la première fois certaines de ses failles mnésiques, une découverte qui sera le plus souvent oubliée, puis redécouverte lors d'une prochaine situation, etc. caractère sisyphéen de cette affection ;
- tenir compte aussi de l'anosognosie du patient (sa méconnaissance de ses propres troubles), qui imprime un vécu subjectif différent de celui d'un bien-portant qui observe et constate les troubles du patient (exemple du syndrome anxio-dépressif qui croît puis décroît au fil de l'évolution) ;
- garder à l'esprit qu'un ensemble de traces implicites, notamment de la gentillesse ou non des soignants, va continuer à alimenter la vie mentale consciente du patient, même sans qu'il se souvienne explicitement des scènes vécues avec eux (exemple de Claparède) ;
- comprendre qu'à chaque instant la situation ou le contexte peuvent imprimer des sortes d'injonctions au patient qui est amoindri dans sa faculté projective : face à un plat de nourriture, le comportement de « le manger » est déclenché, face à une boisson, celui de « la boire », face à un stylo et une feuille, celui d'« écrire », etc. Idem pour les besoins nés de l'intérieur : fumer une cigarette, se rendre aux toilettes, etc. On parle de « comportements d'utilisation » depuis les travaux fondateurs du neurologue François Lhermitte, de « persévérations », de « comportements d'imitation ». Ainsi, ce que l'on

appelle la « désinhibition » est souvent cela : ne plus pouvoir résister aux actions dictées par l'ici et maintenant de la situation. Le savoir, pour un soignant, permet déjà de prendre un certain recul, et parfois de créer une « échappée belle » ou des astuces, et quand il est possible de conjuguer cela avec un humour bienveillant et solidaire.

Avec ces quelques repères, on peut tenter de continuer à vivre la relation intersubjective avec la personne touchée par cette affection.

J'aimerais clore ce parcours par une ultime remarque relative à la souffrance psychologique des aidants et des soignants. Il me semble souvent que cette fatigue psychique relève pour partie d'une fatigue existentielle. Écho en miroir à la *fatigue d'être soi*, concept créé par le sociologue Alain Ehrenberg. L'idée-clé consiste à penser, pour chaque époque historique donnée, le modèle dominant de la souffrance mentale comme un reflet de l'évolution de la société. Ehrenberg analyse que la première moitié du XXe siècle occidental correspondait à une société de contraintes (contraintes religieuses, sociales, professionnelles, etc.) et que la « névrose » dominait alors la scène des souffrances psychiques individuelles : névroses obsessionnelles, névroses « de contrainte », névroses phobiques, etc. Freud a, pour partie, construit ses modèles sur la base de ces tableaux cliniques. Ehrenberg constate alors, par contraste, que depuis la seconde moitié du XXe siècle, l'épanouissement de la subjectivité individuelle, rendu possible par des changements sociaux, professionnels, politiques et culturels majeurs, a imposé une nouvelle forme de souffrance psychique dominante : la dépression.

La dépression est la souffrance subjective de craindre de ne pas être à la hauteur de celle ou de celui que l'on pourrait être. Être à la recherche de la meilleure version de soi. Il me semble intéressant d'utiliser cette grille de lecture afin de lire, dans la maladie d'Alzheimer et les maladies apparentées, une entrave profonde supplémentaire à cette capacité d'être pleinement soi. Et la confrontation quotidienne à ces hommes et femmes entravés par la maladie cérébrale me semble parfois révéler une autre faillite possible de cette injonction contemporaine à être soi. Et cette source de souffrance mérite toute notre attention, à la fois pour les patients autour desquels ces aidants et soignants interviennent, mais avant tout pour ces derniers.

« Accompagner ceux qui sont perdus dans le temps, en sachant qu'ils ont les mêmes besoins que nous tous »

Entretien avec Fabrice Gzil[1]

Vous êtes le seul philosophe, en France, à vous être intéressé de longue date et de manière continue aux questions soulevées par la maladie d'Alzheimer, du point de vue philosophique et éthique, mais aussi relationnel et thérapeutique. Comment ce parcours a-t-il commencé ?

Fabrice Gzil – Au départ, je m'intéressais à la littérature, et j'ai entamé des études de philosophie comme un détour indispensable mais censé être de courte durée. Devenu jeune professeur en lycée, j'ai eu l'envie de faire une thèse utile, s'inscrivant dans le présent plutôt qu'un énième travail d'histoire de la philosophie. J'ai rencontré Anne Fagot-Largeault, en train de quitter l'université de Nanterre pour le Collège de France sur une chaire de philosophie des sciences biologiques et médicales, et c'est elle qui m'a indirectement orienté vers ce domaine de recherches

1. Philosophe, professeur associé de philosophie et d'éthique à la faculté de médecine de l'université Paris-Saclay, membre du Comité consultatif national d'éthique.

en me mettant en contact avec un groupe de médecins qui montaient, au début des années 2000, une unité Alzheimer de premier plan.

Vous ne saviez rien, à l'époque, de cette maladie ?

F. G. – Je n'ai pas vécu dans ma famille l'expérience de la démence ou du vieillissement problématique d'un proche, mais j'ai vite compris, en parlant avec ces médecins, que ce domaine soulevait quantité de questions. Parce que cette maladie met en cause non seulement la mémoire, mais aussi le temps, l'identité, la relation à autrui, autant de thèmes philosophiques majeurs. Parce qu'elle mobilise l'attention des politiques publiques et recoupe quantité de problèmes médicaux aussi bien que métaphysiques, psychologiques, sociaux... Je me suis dit qu'approfondir ce sujet pouvait être à la fois actuel et utile.

C'est ce que j'ai eu à cœur de faire depuis lors, à travers ma thèse, puis au sein, pendant une dizaine d'années, de la Fondation Médéric Alzheimer, où j'ai été chargé du soutien à la recherche en sciences humaines et sociales. Car l'université demeurait alors plus attirée par les questions d'histoire de la pensée que par les explorations de ce type. Les choses ont changé, puisque – outre mes fonctions à l'Espace éthique Île-de-France – j'ai la chance d'être aujourd'hui professeur associé à l'université Paris-Saclay. Je ne regrette aucunement d'avoir choisi ce sujet au départ, car Alzheimer est une pathologie qui constitue aussi une sorte de miroir grossissant de sujets qu'on retrouve dans d'autres domaines de la santé.

Vous insistez aussi sur l'évolution du regard porté sur cette maladie...

F. G. – Après le temps du cancer et celui du sida, il y a eu, dans les politiques publiques, au début des années 2000, un « moment Alzheimer » de la société française, symbolisé par le plan Alzheimer, lancé sous la présidence de Nicolas Sarkozy. Aujourd'hui, après le Covid, la maladie est considérée de plus en plus comme une pathologie évolutive entraînant un handicap cognitif, dont on peut essayer de retarder la survenue, de ralentir l'évolution et de minimiser l'impact. Le modèle d'approche évolue vers celui du handicap, requérant d'autres métiers et d'autres compétences.

C'est ce que constatent également les professionnels de Partage & Vie, en insistant sur la continuité de la présence de la personne, même si elle semble absente.

F. G. – L'identité de la personne et la continuité de cette identité personnelle ont été classiquement liées à la conscience et à la mémoire. De ce point de vue, on voit bien comment des troubles de la mémoire, surtout des troubles profonds de la mémoire autobiographique, semblent fragiliser cette continuité. Pour ma part, je n'ai jamais considéré qu'il y ait là une vraie question philosophique. L'existence d'un être humain et sa dignité sont inconditionnelles. Une personne reste une personne, le respect qu'on lui doit perdure, parce qu'elle fait partie de la communauté des humains, quelle que soit sa mémoire. On ne se pose pas la question pour les personnes dans le coma. Je ne vois pas pourquoi on la poserait pour quelqu'un qui oublie ce qu'on vient de lui dire.

L'essentiel réside dans l'expérience humaine directe de la confrontation à quelqu'un qui « perd la tête » sans perdre son humanité. Le philosophe Michel Malherbe, dans son livre *Alzheimer. La vie, la mort, la reconnaissance* (Vrin, 2015), aborde cette question à travers le thème de la reconnaissance. Tout le monde lui demande si sa femme, malade, le reconnaît encore. Il fait remarquer que la bonne question est de savoir si lui la reconnaît toujours. L'helléniste Jean-Pierre Vernant, au début des années 2000, témoigne lui aussi de la maladie de son épouse en soulignant que dire « ce n'est plus elle » est vrai, d'une certaine façon, et en même temps ne l'est pas. Si le récit de son identité, de sa vie, des expériences communes qu'ils ont vécues a irrémédiablement disparu, quelque chose, au fond, est toujours là, attestant la persistance d'un soi et d'un lien indéniable.

Tout au long de la maladie, même dans ses stades les plus évolués, l'impression persiste d'une forme de sentiment de soi. Même si une personne ne sait plus dire si elle a eu des enfants, ni combien, ni comment ils s'appellent, on voit perdurer un mécanisme à fabriquer de l'identité avec les souvenirs qui demeurent présents à la conscience. Plus on avance dans la maladie, plus ce sont des souvenirs de moments anciens qui persistent. C'est pour cela que des personnes de grand âge veulent aller chercher leurs enfants à l'école en fin de journée, ou rentrer chez leurs parents. Ils reconstruisent une identité cohérente avec les éléments présents à leur conscience.

Mais une identité quand même…

F. G. – Oui, une identité fragile et fluctuante, mais malgré tout un sentiment de soi. L'analyse, ces dernières années, est devenue moins schématique. On a appris à constater d'énormes fluctuations chez une même personne à différents moments de la journée. On est devenu plus précis dans la description du sentiment de soi et de l'environnement physique, matériel, affectif dont il dépend pour se maintenir et même s'intensifier.

Voilà pourquoi on se rapproche du modèle du handicap au sens classique. Des environnements « dépersonnalisants » perturbent ce sentiment de soi, s'il n'y a plus de rapport à la beauté, plus de liens affectifs ou s'ils sont rares. Ce sont d'ailleurs des expériences que nous faisons tous en rencontrant des environnements glaçants, qu'ils soient professionnels ou même architecturaux, qui entravent notre capacité à nous sentir nous-mêmes.

Ce sentiment d'être nous-mêmes dépend donc, en partie, du dehors ?

F. G. – Oui, il est profondément relationnel. C'est pourquoi le *care*, le soin, dans ces maladies, permet de soutenir une identité qui est en train de se disloquer. Le romancier Pierre Pachet décrit extrêmement bien, dans son récit sur sa mère, la nécessité de créer les conditions pour qu'il y ait un lien, une relation, et que le sentiment de soi puisse persister. Au lieu de croire que l'absence de conscience est totale, il faut comprendre comme elle varie en fonction de l'environnement matériel et affectif. C'est exactement ce dont témoignent les professionnels quand ils racontent ce qu'ils vivent en accompagnant les personnes atteintes de ces troubles.

En fait, ces personnes sont littéralement perdues dans le temps. Est-ce que j'ai été marié(e) ? Quel est mon âge ? Perdus dans le temps de leur vie, ces malades sont également perdus dans le temps commun partagé. Ils assurent une permanence fragile de leur identité avec les éléments dont ils disposent. C'est cela qu'il faut comprendre et garder à l'esprit pour les accompagner, en essayant de construire des ponts entre le monde objectif ordinaire et le monde subjectif dans lequel ils sont repliés.

Dans le cas de la répétition sans fin d'une même question, comment construire ce pont ?

F. G. – Ce questionnement répété est forcément agaçant, dérangeant, lassant… je le comprends bien. Mais ce n'est pas qu'un symptôme de la maladie, c'est aussi l'expression d'une anxiété que l'ennui peut intensifier. Celui ou celle qui demande sans cesse « quand est-ce qu'on mange ? » est perdu dans un temps qui s'étale, sans aucune perspective. Dans cet océan de temps, le repas constitue un point de repère, une balise. Le désœuvrement dans lequel on se trouve quand on a des troubles cognitifs et des troubles des fonctions exécutives supprime ce qui donnait du sens au temps quotidien : faire les courses, la cuisine, toutes les tâches, même un peu ennuyeuses, qui remplissent le temps.

Serge Rezvani l'exprime fort bien en parlant de sa femme malade et en décrivant comment elle peint et ne peut plus peindre, lit et ne peut plus lire, tient son livre à l'envers ou relit tout le temps la même page… Comment s'occuper ? Comment donner un sens au temps ? Voilà les questions cruciales pour les malades et pour leur accompagnement. Il s'agit moins de les ramener dans notre temps que d'entendre ce qui s'exprime dans leur demande. Derrière la demande immédiate s'expriment souvent un besoin, une attente qu'il faut essayer de décoder, à laquelle on peut essayer de répondre.

Comprendre cela ne donne pas de solution toute prête. Mais cela permet de penser que ces patients ne font pas exprès de répéter ni de confondre, et qu'ils ne sont pas fous. Ils disent quelque chose comme : « Rassure-moi. Donne-moi l'occasion de parler. Je suis totalement perdu, désœuvré. Qu'est-ce que je pourrais faire ? Qu'est-ce qu'on pourrait faire ensemble ? » Pour moi, c'est une première clé, un point de repère.

Diriez-vous, en fin de compte, que les personnes atteintes de troubles de la mémoire doivent être accompagnées de la même manière que les autres, ou très différemment ?

F. G. – C'est une question dont la réponse n'est possible qu'en fonction de chaque cas singulier. Je crois qu'il faut veiller à ne pas juger ni agir de manière simpliste, tranchée et globale. L'équilibre est à tenir, en permanence, entre prise en compte des spécificités et universalité des besoins humains.

Sur le premier versant, il faut évidemment tenir compte de la spécificité des maladies et de leur évolution et suivre les indications que fournissent les avancées de la neuropsychologie. On peut constater que cohabitent dans les Ehpad des personnes dont la situation est très dissemblable. Les unes ont des incapacités physiques, sensorielles ou motrices qui demeurent légères à modérées et qu'on arrive à prendre en charge. Les autres sont des personnes perdues dans le temps, au sens fort du terme, avec tout ce que cela implique, on l'a dit, en termes d'identité et tout est beaucoup plus compliqué pour elles et avec elles. La maladie d'Alzheimer est une maladie grave. Pour éviter de stigmatiser les malades, on a parfois trop tendance aujourd'hui à estomper cette gravité, à la banaliser.

Sur le versant de l'universalité, il faut rappeler que les besoins fondamentaux et les droits fondamentaux de tout être humain sont les mêmes, que l'on soit âgé ou non, malade ou pas. Je crois très utile que tous les accompagnants se souviennent des cinq besoins fondamentaux que distingue le psychologue anglais Tom Kitwood pour toute personne humaine. Ces cinq besoins sont évidemment communs à tous, malades ou bien portants, personnes « démentes » ou « normales », et il est important de les connaître et de s'en préoccuper. Ils sont faciles à comprendre et à retenir – réconfort, attachement, intégration, occupation et identité :

- Réconfort : ne pas avoir froid, faim ou soif, se sentir en sécurité.
- Attachement : avoir autour de soi des personnes que l'on apprécie et qui vous apprécient, vivre au milieu de liens d'affection, de sympathie, d'amour.

- Intégration : faire partie d'un groupe, y être reconnu et intégré.
- Occupation : ne pas se sentir désœuvré, inutile, inactif.
- Identité : avoir un sentiment de soi, que les autres aident à maintenir.

Que des malades d'Alzheimer ou des personnes en situation de handicap éprouvent des difficultés spécifiques et exigent un accompagnement sur mesure est une chose. Il n'en reste pas moins vrai qu'ils partagent, avec tous les autres êtres humains, ces besoins fondamentaux et qu'il s'agit de trouver les bonnes attitudes pour y répondre en les accompagnant.

Je trouve que cette conception est concrète et fournit une boussole utile pour l'accompagnement. Car elle s'applique aux différents registres d'activité des établissements. Par exemple, en ce qui concerne l'hôtellerie, il est évident que le réconfort est au centre des préoccupations, mais on pourrait se préoccuper plus et mieux de l'occupation, en associant celles et ceux qui le peuvent à la préparation des repas, en leur proposant par exemple de mettre la table ou de faire la vaisselle. Ces occupations, pour des personnes perdues dans le temps et à qui la société ne demande plus aucune contribution, peuvent être au moins aussi utiles que les animations organisées de manière intermittente pour celles et ceux qui s'y intéressent.

Cette approche que les Anglo-Saxons nomment *person centered care*, « soin centré sur la personne » (et non sur la maladie), me paraît vraiment pertinente sur le terrain. On reconnaît les personnes dans leurs besoins, liés à une maladie ou à un handicap graves, en même temps qu'on les resitue dans l'humanité commune et que l'on reconnaît leur singularité.

Propos recueillis par Roger-Pol Droit

Trois remarques sur les philosophes et la mémoire

Roger-Pol Droit[1]

Pourquoi convoquer ici des philosophes ? Lesquels ? Avec quelle intention, et pour quel résultat ? Quelques mots de réponse à ces interrogations, pour présenter les trois modestes remarques qui suivent, peuvent être utiles.

Depuis plus de vingt-cinq siècles, sous cent formes diverses, les penseurs occidentaux ont scruté les énigmes de la mémoire, de l'oubli, de la mémorisation et de la remémoration. Pour tenter d'en rendre raison, ils ont imaginé quantité d'hypothèses, inventé des métaphores, élaboré des théories. Croire que cet immense héritage est sans pertinence aucune pour nous, aujourd'hui, et pour l'accompagnement des personnes atteintes de pathologies de la mémoire, serait une erreur.

Indiscutablement, des progrès considérables ont été accomplis par la psychologie expérimentale, la neurophysiologie, les sciences cognitives. Des connaissances nouvelles se sont constituées, permettant de fonder

1. Philosophe, écrivain, conseiller de la Fondation Partage & Vie pour la réflexion éthique.

des pratiques inédites. Une grande partie des savoirs concernant le fonctionnement de la mémoire et les processus mis en œuvre par le cerveau sont récents.

Mais ces avancées scientifiques ne doivent pas conduire à négliger ce qu'ont élaboré, de l'Antiquité à l'époque moderne, les recherches antérieures, considérées comme « préscientifiques », qu'elles soient spéculatives ou empiriques. Pour quelques raisons simples. D'abord, la plupart des notions-clés qu'emploient les recherches actuelles ont été forgées, depuis des siècles, voire des millénaires, au temps où les philosophes étaient les seuls représentants des savoirs. En outre, il arrive que ces investigations anciennes aient discerné des points cruciaux que les avancées actuelles confirment, ou redécouvrent. Enfin, il se trouve que certaines de ces analyses philosophiques éclairent, sans qu'on l'ait assez remarqué, des aspects essentiels des attitudes et des bons comportements de l'accompagnement des sujets souffrant de déficit de la mémoire.

Voilà ce que les remarques qui suivent entendent rappeler, de manière concise. Il ne s'agit donc ni d'une histoire, fût-elle brève, des théories philosophiques de la mémoire (que Bergson, en son temps, avait entreprise au Collège de France), ni d'une revendication, pour la philosophie, d'un statut d'exception. Ces trois remarques vont du général au plus singulier, du théorique au plus pratique.

REMARQUE 1 – DEPUIS PLATON ET ARISTOTE, LES RÉPONSES CHANGENT, PAS LES QUESTIONS

C'est là un point fort simple, mais sur lequel l'accent ne me paraît pas être mis suffisamment. Les savoirs concernant la mémoire se sont transformés, leur évolution au fil du temps a été considérable, et même immense, depuis le XIXe siècle. Mais les questions, en elles-mêmes, sont restées fixes, presque immuables, bien plus que dans d'autres domaines, astrophysique, chimie ou biologie par exemple.

On cherche, encore et toujours, comment s'inscrit un souvenir. Comment se grave-t-il ? Où donc est-il mis en réserve ? Comment est-il réactivé, pour revenir à la conscience ? Comment s'explique l'oubli ? Existe-t-il différentes sortes de mémoire ? Si oui, quelles sont leurs traits distinctifs et leurs fonctions respectives ? La mémoire concerne-t-elle uniquement l'esprit ? Uniquement le corps ? Les deux ?

La permanence de ces questions, des Anciens aux Modernes, est remarquable, ainsi que la pérennité des métaphores illustrant les mécanismes supposés du fonctionnement de la mémoire.

Platon invente, dans le *Théétète* (191d), l'image de l'empreinte dans la cire : « est contenu en nos âmes un bloc malléable de cire : plus grand pour l'un, plus petit pour l'autre ; d'une cire plus pure pour l'un, plus sale pour l'autre et assez dure, mais plus humide pour quelques-uns, et il y en a pour qui elle se situe dans la moyenne [...] quand nous plaçons ce bloc de cire sous les sensations et sous les pensées, nous imprimons sur lui ce que nous voulons nous rappeler, qu'il s'agisse de choses que nous avons vues, entendues ou que nous avons reçues dans l'esprit. Et ce qui a été imprimé, nous nous le rappelons et nous le savons, aussi longtemps que l'image est là ; tandis que ce qui est effacé ou ce qui s'est trouvé dans l'incapacité d'être imprimé, nous l'avons oublié, c'est-à-dire que nous ne le savons pas ».

Aristote, dans son traité *De la mémoire et de la réminiscence* (450b, 5-10), reprend et approfondit l'image de la cire et du sceau, et des qualités de cire variables selon les individus, voire selon les âges de la vie : « Le mouvement qui se produit (dans le processus sensoriel) imprime comme une empreinte de l'impression sensible, comme on dépose sa marque avec un sceau. C'est pourquoi la mémoire fait défaut à ceux qui sont agités de multiples mouvements à cause de quelque affection ou du fait de leur âge, comme si le mouvement et le sceau rencontraient de l'eau qui s'écoule. Chez d'autres, pour cause d'usure, comme sur les parties anciennes des bâtiments, et à cause de la dureté de la partie qui reçoit l'affection, l'empreinte ne parvient pas à se former. C'est précisément pour cette raison que les sujets très jeunes, tout comme les vieillards, ont une mémoire défectueuse. Ils sont dans un état de flux, les premiers du fait de leur croissance, les autres du fait de leur déclin. »

Ce n'est qu'un exemple, parmi un myriade d'autres possibles. Impossible de multiplier les citations, de suivre de siècle en siècle l'évolution de ces métaphores constitutives ou les changements de problématiques configurant différemment les réponses aux questions immuables que soulève la mémoire. Descartes explique ainsi l'inscription du souvenir par des « plis » constitués dans le cerveau et fait de la mémoire la garantie de la continuité de l'individu, Nietzsche fait l'éloge de l'oubli contre la rumination permanente, Bergson distingue de manière précise la mémoire corporelle et le souvenir conscient... entre bien d'autres.

Cette première remarque voulait simplement rappeler l'existence de cette quantité considérable de textes, de réflexions et d'hypothèses philosophiques concernant la mémoire et ses mécanismes, l'oubli et ses causes – parce que la recherche contemporaine en porte encore les traces, parfois à son insu.

Pour illustrer ce dernier point, j'aimerais mettre en lumière, de manière plus précise, un thème significatif : le rôle de la spatialisation et des émotions dans la constitution des processus de mémorisation et de remémoration. Ce thème est au centre de recherches récentes et de découvertes nouvelles. Lionel Naccache les a évoquées. Claude Jeandel, dans la suite de ce volume, en traite également.

Or, ce thème est fort ancien. Grecs et Romains l'ont aperçu et exploré. Les médiévaux l'ont retravaillé, et plus encore les humanistes de la Renaissance. Les « arts de la mémoire », nom donné à l'ensemble des techniques destinées à retenir des discours, des lectures, des parcours d'idées, reposent entièrement sur la relation de la mémoire à l'espace et aux affects. Elle vaut d'être rapidement évoquée, car elle montre comment les savoirs actuels parfois recoupent des intuitions anciennes.

REMARQUE 2 – DEPUIS L'ANTIQUITÉ, LE RÔLE CLÉ DE L'ESPACE ET DES ÉMOTIONS DANS LA MÉMORISATION A ÉTÉ REPÉRÉ, PUIS OUBLIÉ

C'est peut-être à l'un des plus anciens poètes grecs, Simonide de Céos, né au VIe siècle avant notre ère, que l'on doit d'avoir relié l'organisation des lieux dans l'espace et la répartition des souvenirs. La scène originaire figure dans un de ses poèmes. Convié à dîner dans la demeure d'un de ses ennemis, il est emmené hors de la salle par des dieux, car le toit va s'effondrer. Les blocs de pierre sont tellement massifs que les cadavres de tous les convives sont méconnaissables. Le poète pourra permettre leur identification en se souvenant de la place que chacun occupait.

Peu importe que l'histoire soit réelle ou imaginaire. Elle constitue le point de départ d'une immense tradition, aujourd'hui méconnue. À son commencement, ce constat : c'est en reconstituant mentalement l'espace de la pièce, en parcourant les tables et la répartition des invités les uns par rapport aux autres, que Simonide a pu mettre un nom sur chaque corps et reconstituer l'ensemble.

De là naît l'idée que l'organisation des souvenirs serait spatiale, qu'une matrice avant tout topographique servirait de support à la mémoire, que ses parcours et leurs chemins reposent sur des cartes mentales structurées selon des repères spatiaux et non pas seulement temporels. Cette idée va connaître un développement considérable, et des applications pratiques impressionnantes, de l'Antiquité jusqu'à l'Âge classique, à travers ce qu'on appelle l'« art de la mémoire ».

Sous ce titre, la grande historienne britannique Frances Yates (1899-1981) a publié une remarquable et instructive synthèse des recherches qu'elle a menées tout au long de sa vie autour de cette tradition multiséculaire et foisonnante. Né chez les Grecs, cet « art de la mémoire » est repris et codifié par les Romains (notamment par Cicéron, Quintilien et l'auteur anonyme du traité *Rhetorica Ad Herenium*), utilisé et développé par les médiévaux, retravaillé par les penseurs de la Renaissance, en particulier Giordano Bruno. Son impact se poursuit encore chez les fondateurs des sciences modernes à l'Âge classique (Bacon, Descartes, Leibniz).

De quoi s'agit-il, schématiquement ? D'une méthode pratique pour retenir de longs discours, mémoriser des livres entiers ou des données multiples. L'exercice repose sur le choix d'un espace dont la topographie est déjà parfaitement connue, comme une demeure dont on visualise sans effort ni erreur les différentes pièces, ou un trajet familier dont on a en tête le plan détaillé avec toutes ses étapes. À chacun des lieux de ce plan spatial, il s'agit d'associer une « image » évoquant le thème à retenir. Au premier regard, cet artifice, destiné à aider la mémoire, semble paradoxalement la surcharger : il faut en effet retenir deux choses au lieu d'une, le plan du bâtiment et l'association de chaque image à une pièce. Pourtant, cette méthode se voit attribuer une efficacité remarquable.

L'explication résiderait dans l'efficacité du repérage spatial. Parce que nous connaissons intimement la configuration de l'espace de référence (maison, itinéraire familier), nous retrouverions plus aisément les données associées à chaque partie de cette structure. « L'ordre des lieux conserve l'ordre des choses », comme écrit Cicéron dans le *De Oratore* (II, LXXXVI, 351-354). Autrement dit : le souvenir est soutenu et conforté par la répartition spatiale.

Cette primauté de l'espace dans la mémorisation n'est donc pas une découverte récente. Pas plus, d'ailleurs, que l'importance des affects dans la fixation des souvenirs et leur retour à la conscience. Pour favoriser la mémorisation des passages destinés à susciter la crainte ou la ferveur, que ce soit dans les discours politiques, ou dans les répliques du théâtre, les praticiens de l'art de la mémoire préconisent d'« accrocher », aux bons endroits du parcours, des marqueurs affectifs signalés par des symboles de convention (araignées, sang, arc-en-ciel, etc.)

L'idée, cette fois, est évidemment que l'on se souvienne des émotions à transmettre, mais aussi que l'on puisse améliorer la mémorisation grâce aux émotions réactivées au fur et à mesure que le parcours se déroule. Sans entrer dans plus de détails, on soulignera que cette tradition s'est transmise et perfectionnée jusqu'au XVIIe siècle, en connaissant une sorte d'âge d'or à la Renaissance. On imagine alors des « palais de la mémoire » pour garder en tête des systèmes complexes et des procédés de plus en plus sophistiqués pour conserver en mémoire des bibliothèques entières.

Cette tradition, perdue de vue depuis longtemps, sauf par quelques historiens, n'est pas une pure et simple mnémotechnique. Elle a mobilisé des intuitions théoriques fortes au sujet de la spatialité de la mémoire et de ses relations aux émotions. Il serait sans doute judicieux de s'y intéresser, non pour des mobiles érudits, ni pour faire croire que l'on savait déjà autrefois ce qu'on découvre aujourd'hui, mais pour prendre conscience de la profondeur de champ de thématiques que nous percevons, à tort, comme inédites.

Et sur le registre des exercices pratiques et de l'accompagnement au quotidien des personnes souffrant de déficit de la mémoire, il devrait être possible, en adaptant certains de ces vieux exercices, d'imaginer des parcours spatiaux et affectifs capables de revivifier, par ces approches, les souvenirs personnels des personnes âgées. À condition, évidemment, que se rencontrent des psychologues inventifs doublés d'historiens des idées.

À condition, surtout, que ces exercices – qui restent à élaborer – s'accompagnent de l'attention indispensable à la singularité de chaque personne qui s'y livre. Car, dernière remarque, la question centrale n'est pas de se souvenir, mais de savoir *qui* se souvient.

REMARQUE 3 – POUR BIEN ACCOMPAGNER, IL FAUT CHERCHER AVANT TOUTES CHOSES QUI SE SOUVIENT OU NON, QUELLE PERSONNE SINGULIÈRE OUBLIE OU SE REMÉMORE

C'est à un philosophe moderne que nous devons d'avoir mis en lumière le caractère indépassablement subjectif, personnel et singulier de la mémoire. Peut-être a-t-il donné ainsi, sans même le savoir, le conseil le plus précieux aux accompagnateurs des personnes dont la mémoire défaille. Car il leur permet de comprendre qu'ils n'ont pas affaire à « la mémoire en général » mais à la mémoire vécue, vivante ou bloquée, intermittente ou résurgente, d'une personne particulière, avec son parcours de vie unique, sa collection d'émotions à nulle autre identique.

Ce philosophe était danois, se nommait Søren Kierkegaard et vivait au XIXe siècle. Il introduisit une distinction qui semble d'abord étrange mais se révèle fort éclairante. « On peut très bien se rappeler un événement… sans nécessairement s'en souvenir », écrit-il dans un essai intitulé *Étapes sur le chemin de la vie* (1845). Au premier regard, voilà qui paraît dépourvu de sens. Si l'on se rappelle quelque chose, c'est qu'on s'en souvient. L'un ne va pas sans l'autre. Ce sont deux manières de nommer la même réalité.

Malgré tout, l'opposition se justifie, et sa portée devient capitale, si l'on tient compte de l'investissement personnel dans la remémoration. « Se rappeler », c'est faire revenir à la conscience une donnée, de manière neutre, impersonnelle. Je me *rappelle* que la bataille de Marignan a eu lieu en 1515, la prise de la Bastille le 14 juillet 1789 ou que Bogota est la capitale de la Colombie. Mais la situation est radicalement différente si je me *souviens* de Bogota parce que j'y suis né, que j'y ai vécu, qu'il m'y est arrivé une histoire qui me touche. En repensant à cette ville, je revis mon histoire, celle de mon existence et de ma subjectivité. Je ne retrouve pas simplement la mémoire d'une donnée géographique neutre. Je revis des émotions qui sont miennes, uniquement miennes.

Un commentateur de Kierkegaard, Jean Nizet, de l'université de Namur, précise en ces termes la portée de distinction ainsi introduite : « La mémoire est indifférente : le simple rappel d'un événement est sans importance pour mon intériorité. Le souvenir, en revanche, est la consécration de l'événement passé : le rapport originel à l'intériorité a investi cet événement d'une valeur intérieure ; cette valeur se revit dans le souvenir.

Dans le souvenir, je me souviens donc principalement de moi-même tel que j'ai vécu l'événement. Le souvenir est l'occasion d'une mise en présence de moi à moi-même dans le temps ; il assure la liaison entre les moments de mon expérience, il est puissance de continuité. »

Cette continuité de la personne à travers le souvenir, Kierkegaard lui-même l'exprime de manière forte : « Le souvenir, écrit-il dans *Étapes sur le chemin de la vie*, a pour rôle de maintenir la continuité éternelle dans la vie d'un homme et de lui assurer une existence d'un seul souffle et s'affirmant dans son unité. »

Doit-on en conclure que celle ou celui qui n'a de souvenirs n'a plus de continuité, plus d'unité, plus de vie humaine ? C'est tout le contraire ! Les souvenirs ne sont jamais tous perdus, les émotions non plus, pas plus que les chemins pour les faire revivre. Les susciter, en ayant en tête la singularité absolue de l'existence individuelle, c'est pouvoir ressusciter son unité, pleine et entière, même de manière éphémère.

Le plus important à garder en tête, dans l'accompagnement des personnes de grand âge, est donc que la mémoire n'est jamais un mécanisme impersonnel, un automatisme opérant sur des données, comme la mémoire des machines. Même si cette mémoire est malade, endommagée, c'est la mémoire d'une personne vivante, avec ses singularités et sa vie propre.

Au lieu de demander « *de quoi* se souvient-on, et comment ? », ce qui revient à chercher comment marche la mémoire « en général », il faut donc constamment demander « *qui* se souvient ? quelle est cette personne ? que peut-elle faire de sa mémoire ? ». C'est indispensable pour mieux accompagner les malades, et c'est à la philosophie qu'on doit de pouvoir le comprendre clairement.

Ces trois remarques ne se situent pas sur le même plan. Mais elles ont en commun de montrer ce que les philosophes peuvent apporter aux professionnels de l'accompagnement. Des vérités immuables, des directives éternelles ? Non, plutôt des intuitions fécondes, des pistes utiles. À condition de les lire, de les examiner de manière critique, de les faire fructifier. Si besoin est, de les réinventer.

Troisième partie

Comment mieux accompagner ?
Solutions et propositions

L'invention et la ténacité

Comment faire mieux ? Chaque fois, cette exigence revient. Son sens, ici, n'est pas technique. Il ne s'agit pas d'améliorer des rendements, des performances ou des machines. Rien à voir avec la compétition, pas question de l'emporter sur des concurrents, de battre des records ou de gagner des places dans un classement quelconque.

Comment faire mieux *humainement* – telle est l'exigence. Elle concerne l'éthique, dans ce qu'elle a de plus concret, de plus pratique : le souci de l'autre, au quotidien, dans la vulnérabilité de chacun. Faire mieux, c'est devenir meilleur. Pas meilleur dans telle ou telle discipline, encore une fois, mais humainement meilleur.

Là, il n'y a pas vraiment de méthode. Aucune recette toute prête, aucun plan disponible qu'il suffirait d'appliquer mécaniquement. Il s'agit d'inventer, d'expérimenter, de tâtonner, d'échanger. Proposer des pistes, les examiner, les tester. En changer quand il le faut. Changer aussi son attitude, si nécessaire. Abandonner des préjugés ou des routines mécaniques, imaginer de nouvelles pratiques, réfléchir, observer, mettre à l'épreuve, rectifier.

C'est ce que nous nous efforçons de faire à la Fondation Partage & Vie. Et nous ne sommes pas les seuls, et nous ne prétendons pas être « meilleurs que les autres », mais nous cherchons, avec les autres, à devenir meilleurs en général, et en particulier dans l'accompagnement du grand âge et des personnes vulnérables.

C'est pourquoi nous proposons ici, pour clore ce livre en ouvrant sur d'autres horizons, des pistes de solutions. Certaines ont déjà été esquissées dans les pages précédentes. D'autres s'y ajoutent, ou les précisent, dans les interventions qu'on va lire.

Colette Roumanoff a élaboré, au fil des ans, une série de réflexions et d'actions pour améliorer l'accompagnement des personnes atteintes de la maladie d'Alzheimer. Ce fut le cas de son mari, qu'elle a accompagné heure par heure au fil des années, en inventant des attitudes efficaces, à contre-courant des idées reçues. Comédienne, metteuse en scène, auteure de pièces de théâtre, Colette Roumanoff n'est ni médecin ni professionnelle du soin. C'est à partir de sa longue expérience personnelle qu'elle a forgé une série de réflexions sur les attitudes à éviter et celles à privilégier. Auteure de plusieurs ouvrages et de podcasts pratiques, elle a mis au point des formations pour les proches et les aidants et pour les professionnels, avec en tête de dédramatiser l'approche de la maladie et de favoriser la bienveillance envers les malades et par là même leur mieux être. Dans l'entretien qu'elle a accordé à Roger-Pol Droit, elle présente les principaux axes de sa réflexion.

Autre parcours, autre réflexion : ceux de Laurence Ah Sang, infirmière à l'Ehpad Jacques-Bonvoisin de la Fondation Partage & Vie (Dieppe), recoupent en grande partie les propos de Colette Roumanoff. Elle insiste sur l'empathie, le vécu, l'attitude intérieure des soignants dans les gestes les plus simples. Ce n'est pas la technique médicale qui se trouve au poste de commande. Elle importe, évidemment, et il n'est pas question de la négliger. Mais il importe plus, et de manière plus décisive, d'être soi-même de bonne humeur, bienveillant, accueillant, patient pour accompagner une personne « perdue dans le temps » et manquant de repères. Laurence Ah Sang, à partir de son expérience, esquisse une série de conseils pratiques que chacun pourra adapter à son travail personnel.

On aura compris que le soin ne se résume pas aux traitements médicaux. Accompagner est bien plus, et bien autre chose, que de faire prendre des médicaments. Ces derniers sont souvent utiles, voire indispensables. Mais il faut aussi promouvoir des « interventions non médicamenteuses » qui appartiennent pleinement à la démarche thérapeutique, humaine et éthique, de l'accompagnement. C'est ce qu'explique le professeur Claude Jeandel, professeur émérite de médecine à l'université de Montpellier et conseiller médical de la Fondation Partage & Vie, en insistant notamment sur les résultats positifs obtenus ces derniers temps par la mise en œuvre de la méthode Montessori dans les Ehpad de la Fondation.

En présentant ces nouvelles pratiques et les espoirs qu'elles peuvent susciter, Claude Jeandel explique sur quoi se fonde, médicalement et scientifiquement parlant, leur efficacité : la persistance des émotions, et de certains registres de la mémoire affective, même chez les personnes dont s'estompent la mémoire des faits et la conscience de l'échelonnement du temps. Le développement de ces nouvelles pratiques est à encourager. À la condition, évidemment, qu'elles soient testées de manière rigoureuse, que leur efficacité soit prouvée et que la formation du personnel soit assurée.

Ce n'est pas le seul domaine où des changements sont en cours et des améliorations attendues. En fait, les suggestions pratiques, venant de divers côtés, commencent à se faire de plus en plus nombreuses. On peut s'en rendre compte en lisant la sélection que nous avons opérée parmi les propositions émanant des lecteurs du *Point*, d'une part, et des professionnels de Partage & Vie d'autre part. Par le moyen d'une enquête interne réalisée auprès des professionnels, et au cours des différents ateliers tenus dans plusieurs établissements, nous avons recueilli des pistes d'action à mettre en œuvre, émanant des différentes catégories de personnels. Nous avons également reçu du grand public, grâce au partenariat avec le magazine *Le Point*, une quantité de propositions diverses. La brève synthèse que nous publions indique que la nécessité d'un changement en profondeur est nettement perçue, et que les solutions d'amélioration ne sont pas nécessairement coûteuses. Globalement, elles concernent prioritairement les attitudes et les mentalités, dont dépendent les liens humains. Encore faut-il agir pour faire changer le regard et les pratiques.

Pour cela, une volonté politique est nécessaire, comme le rappelle Geneviève Mannarino, conseillère spéciale du président du Conseil de la Caisse nationale de solidarité pour l'autonomie (CNSA). Elle plaide pour une meilleure association des personnes âgées aux décisions qui les concernent, une plus forte concertation entre tous les acteurs du secteur, et une cohésion accrue des différents services. Car il s'agit, autant que possible, d'en finir avec les ghettos, les défiances et les mises à l'écart. Privilégier les relations intergénérationnelles, encourager les rencontres, le dialogue des mémoires et la transmission sont aussi des mesures d'accompagnement.

Ces indications commencent à dessiner quelques-unes des grandes lignes de chantier multiforme du grand âge qui constitue une tâche majeure des décisions politiques pour les années qui viennent. C'est ce que souligne François Bayrou, Haut-Commissaire au Plan, qui nous a fait l'honneur de contribuer à nos échanges et à notre réflexion. Il évoque la situation démographique et les défis qui attendent les politiques publiques, mais il convoque aussi ses souvenirs et ses émotions personnelles face aux éclipses de mémoire des proches. Ses propos font comprendre et ressentir un point crucial trop rarement mis en lumière : les différents registres de l'accompagnement du grand âge ne sont ni séparés ni distants. Il n'y a pas d'un côté le système de santé, et d'un autre côté l'éthique. Pas non plus l'intime et l'affectif sur un versant, et sur un autre les décisions collectives et l'organisation des institutions. En fait, toutes les dimensions convergent et s'entrecroisent. Il faut en être conscient pour inventer les solutions attendues.

À titre d'épilogue à ce volume, Delphine Langlet, directrice générale de Partage & Vie, rassemble les fils du parcours de cette année, en soulignant d'abord les éléments principaux à garder en tête, avant de mettre en lumière plusieurs pistes majeures porteuses de solutions pratiques pour améliorer l'accompagnement.

Il va falloir suivre ces pistes, les explorer, les mettre en œuvre, en trouver d'autres encore. Les changements ne font que commencer, et nous n'avons pas la prétention de les avoir évoqués tous. Si ce volume, comme les précédents et ceux à venir, apporte quelques pierres à ce travail, incite à de nouveaux échanges et de nouvelles attitudes, il sera utile. Modestement, sans doute. Mais durablement aussi, car l'éthique est affaire de ténacité.

« La maladie d'Alzheimer bouscule autant la société que les personnes qui en sont atteintes »

Entretien avec Colette Roumanoff[1]

Au fil des dix années que vous avez passées à accompagner votre mari, atteint de la maladie d'Alzheimer, avez-vous mis au point une méthode ?

Colette Roumanoff – Pas du tout, parce qu'une méthode a quelque chose de rigide, de contraignant, de systématique. Je ne propose pas un ensemble de recettes, mais un changement de vision, d'attitude, une sorte d'écosystème à mettre en place autour de la personne malade et avec elle. Je propose d'abord une nouvelle définition de la maladie : « Alzheimer, maladie de la gestion de l'information », pour introduire de la clarté dans cet univers opaque, incompréhensible et oppressant. Cette vue d'ensemble de la maladie n'est pas séparable de ma philosophie de la vie, qui tourne autour de l'acceptation du changement permanent que nous vivons au quotidien. Cette maladie se traduit d'abord par un changement radical dont il faut prendre la juste mesure, sans le nier ni en faire une tragédie définitive.

1. Metteuse en scène, auteure, conférencière, formatrice.

On peut alors aménager un espace de vie et nourrir une relation de confiance.

Votre vue d'ensemble, qui est une attitude globale, quelle est sa première caractéristique ?

C. R. – La première règle est d'apprendre à connaître cette maladie dans ses conséquences, à détecter ce qui l'aggrave et ce qui l'améliore. Le premier effet de cette maladie, dans laquelle la personne atteinte perd progressivement ses repères extérieurs et intérieurs, c'est qu'elle ajoute du stress et de l'angoisse au quotidien. Tout le monde sait qu'un stress important est handicapant et ne permet pas d'utiliser facilement ni son intelligence ni ses ressources affectives. La priorité est donc de ne pas ajouter du stress au stress ni pour le malade ni pour l'entourage. Seule l'expérience va pouvoir nous apprendre les chemins à emprunter, ceux à éviter. La société nous tend des pièges dont beaucoup tournent autour de l'idée de réparer la maladie, d'autres en font un repoussoir ingérable. Comme cette maladie endommage la mémoire, on pense bien faire en stimulant la mémoire. Cette bonne intention peut se traduire par une mise en échec préjudiciable et aller jusqu'au harcèlement.

On sort les albums photo, on demande : « Tu te rappelles X ? et Y ? Et là, c'était toi ! » Si la personne ne se rappelle pas, si elle n'y arrive pas, elle se dit qu'on va l'exclure. Comment savoir si cette stimulation est positive ou négative ? C'est simple : est-ce que le malade a le sourire, est-ce que l'exercice l'amuse ou non ? Mais pour cela il faut que l'autre personne soit sensible à ce qu'elle éprouve elle-même dans le moment présent et ne soit pas aveuglée par l'idée d'imposer à l'autre un effort désagréable et justifié, une « souffrance bénéfique » !

Vous expliquez que cette maladie contrevient à nos repères quotidiens habituels et même à nos modèles culturels dominants.

C. R. – Notre société nous impose d'aller de plus en plus vite, de faire plusieurs choses en même temps, d'être extrêmement efficaces. Quelqu'un atteint de cette maladie ne peut rien faire de tout cela. Il ne sait plus compter, ne sait plus retirer de l'argent dans un distributeur. Un jour, mon mari est revenu en me disant : « J'ai fait une seule erreur sur le code, et la machine a avalé ma carte ! Et à la banque ils ont refusé de me la rendre ! » Il était littéralement scandalisé. Je l'ai calmé en lui disant qu'on allait commander une nouvelle carte, que j'ai fait disparaître dès qu'elle est arrivée. Pour s'adapter agréablement au changement, il faut faire disparaître tout objet qui devient une cause de stress, et il ne sera pas réclamé puisque le malade oublie.

On pourrait vous objecter qu'il existe une continuité de la personne, de la mémoire, de la volonté, dont nous avons besoin pour reconnaître l'identité de quelqu'un.

C. R. – Oui, il y a une continuité affective de la personne, à la condition expresse qu'elle soit validée dans son quotidien, ce qui lui permet d'exprimer au fur et à mesure ses désirs et ses préférences, et de vivre bien. Il y a aussi un changement dans les compétences, si dur à comprendre que certains croient le rendre plus clair en faisant une sorte de mort mentale. C'est l'autre piège, tendu par la société avec toute la littérature sur le « deuil blanc » et des diagnostics en forme de couperet – « Madame, vous n'avez plus de mari ! » – prononcés devant le malade, évidemment réduit à l'état d'objet inutile. Cette maladie ne rend ni sourd ni bête. Notre société confond la mémoire et la sensibilité. On peut aisément découvrir que ce sont deux axes bien séparés. On peut vivre heureux dans une maison dont on ne connaît pas l'adresse. On peut se sentir malheureux même si on est un champion d'informatique ou de quoi que ce soit d'autre.

Ce sont donc nos approches habituelles qu'il faut changer, surtout dès que les malades perdent leurs repères intérieurs. On pense qu'ils font une crise, sont agressifs, alors qu'ils se sentent mal sans savoir ce qui leur arrive. La douleur est perçue, mais pas localisée. Cela peut être une rage de dents, mais leur cerveau ne donne pas d'information sur cette douleur, dont ils ne comprennent pas le sens, ni le lien avec leur état. Il en est de même d'autres manifestations physiques. L'incontinence est une grande source de problèmes. Par exemple, mon mari s'éveille une nuit en me disant qu'il y a de l'eau qui coule. Il est en train d'uriner dans son lit ; il reconnaît le bruit de l'eau qui coule mais pas la sensation à l'intérieur de son corps... Si on s'énerve parce qu'on ne comprend pas non plus ce qui lui arrive, il va se sentir humilié et n'osera plus s'exprimer. Un autre jour, il a envie de se coucher, il regarde le lit, mais il ne sait plus comment on se couche. Comment est-ce possible d'oublier un geste si simple ? C'est possible, je le vois à son air embêté, il ne sait pas comment faire. « Voilà, tu t'assois là, au milieu du lit, tu mets tes jambes par là, la tête par là. » Il est très content et me remercie avec un grand sourire. La relation affective est présente.

À partir d'un certain stade, c'est comme si tous les apprentissages de la vie et les savoir-faire de la personne s'effaçaient les uns après les autres pour arriver à un état ressemblant à celui d'un nourrisson. Mais la personne qui a perdu tous ses savoir-faire est là ! Ce n'est pas un bébé qui vient de naître. Contrairement à ce que l'on raconte, la capacité à reconnaître affectivement une personne demeure même en l'absence de parole et de mouvement.

Sur cette question de la reconnaissance, dans votre livre intitulé Alzheimer, une école de bienveillance, *vous rejoignez ce que dit le philosophe Michel Malherbe, dont la femme a eu cette maladie : « On me demande tout le temps si elle me reconnaît, alors que la vraie question est : est-ce que, moi, je la reconnais ? »*

C. R. – Est-ce qu'on reconnaît quelqu'un qui a tellement changé ? Oui, si cette personne est accueillie pour ce qu'elle est et ce qu'elle devient, la relation peut durer et même se renforcer. Si elle n'est plus reconnue, elle ne reconnaîtra personne. Les malades le savent et le ressentent intensément. Un seul regard chargé de rejet ou de dégoût peut les déstabiliser entièrement, provoquer en eux une agressivité incontrôlable ou une passivité à toute épreuve. Attention personnes fragiles ! Une personne atteinte devient naturellement experte en émotions. Elle va capter directement l'état intérieur des gens qui l'approchent. C'est à cela qu'elle reconnaît les autres, pas à leur identité sociale ou à leur apparence physique. Si quelqu'un arrive de mauvaise humeur dans un Ehpad pour aller voir l'un de ses proches atteint de cette maladie, il ne doit pas s'étonner de n'être pas reconnu : « Ah ! mais je suis ta fille ! » Le mot ne veut rien dire, ce qui n'est pas reconnu, c'est la qualité ou l'ambiance de la relation telle qu'elle était avant la maladie. Ce serait mieux d'expliquer cela aux proches plutôt que de leur faire peur avec le fameux « deuil blanc ».

L'idée générale est d'être créatif et de cultiver la bonne humeur. On peut proposer des activités sympathiques que la personne peut faire sans difficulté, comme lire à haute voix, jouer au ping-pong, éplucher les légumes, faire les courses, seule tant que l'autonomie est préservée, accompagnée quand la personne ne peut plus sortir seule.

C'est cette sensibilité aux humeurs qui vous fait récuser le terme de « méthode » ?

C. R. – Je préfère parler d'une « attitude », faite d'abord de respect. La personne atteinte de cette maladie vit dans le présent immédiat, elle est extrêmement sensible au regard qu'elle reçoit, comme les enfants très petits qui ne peuvent pas verbaliser.

C'est pourquoi je conseille toujours aux proches d'être détendus et de bonne humeur avant de rendre visite à leur malade. Ne jamais oublier que les neurones miroirs sont vivaces chez les malades, et les humeurs, bonnes ou mauvaises, sont contagieuses. Si vous y allez par obligation, par devoir, en étant triste, déprimé, vous feriez peut-être mieux d'annuler ou de reporter votre venue. Souvent les aides-soignantes disent qu'une visite de la famille laisse leur malade perturbé.

Cela s'applique également au personnel, aux professionnels de l'accompagnement ?

C. R. – Évidemment, ce que je dis concerne autant les aides-soignantes et le personnel infirmier que les familles. Il est indispensable de s'occuper du bien-être de toutes les personnes en contact avec les malades, de manière qu'elles soient aussi détendues que possible dans leur travail et en capacité d'établir ou de rétablir une relation de confiance. Il existe encore, malheureusement, certains établissements où les résidents sont considérés seulement comme des « objets de soins », qu'il faut laver à telle heure en faisant tout à leur place. J'espère qu'on les considérera bientôt, partout, comme des sujets avec qui toutes les interactions nourrissent une relation à double sens.

Pour ma part, je trouve dommage, par exemple, qu'on leur lave les dents. Les mémoires procédurales persistent le plus souvent longtemps. Les patients sont capables de se laver les dents eux-mêmes, même s'ils hésitent. Dès qu'on leur montre le geste, qu'on amorce le mouvement, tout peut revenir. De la même manière, mon mari s'est rasé lui-même jusqu'au jour où il s'est retrouvé paralysé dans son lit. Il suffisait, quand il hésitait, d'amorcer le mouvement, de lui donner les repères avec le bruit du rasoir et un contact avec la peau, l'automatisme s'enclenchait parfaitement. Beaucoup de mémoires physiques subsistent, il faut savoir les réveiller par un petit déclic. Pour le ping-pong, la raquette dans la main et le bruit de la balle sur la table sont généralement suffisants pour déclencher un jeu précis et rapide, quand le mot « ping-pong » n'est plus reconnu.

Un point précis qui embarrasse les soignants concerne l'attitude à adopter face à la répétition incessante d'une même question. Qu'en pensez-vous ?

C. R. – Je travaille régulièrement avec des soignants et des aidants décontenancés par ce phénomène. Que faire quand une personne pose la même question pour la 150e fois de la journée ? Cette question est un signal d'alarme, comme une lampe qui s'allume pour dire « ça ne va pas, ça ne va pas, ça ne va pas ». Ce n'est pas une question, inutile d'essayer d'y répondre, mais il faut redoubler d'attention dans l'observation de la personne et essayer de deviner ce qui ne va pas, pour pouvoir éventuellement y remédier.

La question en boucle signale un malaise, une angoisse, une contrariété, une douleur. Si on ne possède pas les informations pour comprendre le malaise présent, on peut essayer de détourner l'attention vers une activité sympathique, une gourmandise, une distraction, une balade, un jeu... Si l'angoisse et le malaise persistent, il faut tout faire pour trouver leur source, éventuellement faire examiner le malade par un médecin ou un dentiste, avant de recourir aux calmants, qui sont des cache-misère.

Malgré tout, vous préconisez avant tout de dédramatiser...

C. R. – Cette maladie est très dérangeante pour notre société, à tel point qu'elle apparaît comme le comble du tragique et du malheur. Je crois que cette maladie dérange la société autant que les personnes qui en sont atteintes. Les malades ne souffrent pas à proprement parler, si leur environnement est adapté au fur et à mesure, si leurs besoins sont satisfaits, leurs préférences reconnues. Ces malades ont dans leur cerveau des propriétés dont nous ne disposons pas. Un malade peut remarquer qu'une pierre a été déplacée dans un jardin parmi des milliers d'autres. Personne ne le voit, mais quelqu'un atteint d'Alzheimer peut le discerner, comme s'il avait en mémoire une photo très précise de l'endroit tel qu'il était avant que cette pierre soit déplacée. Tant qu'on ne répare pas son environnement pour le rendre à nouveau lisible, il va se sentir mal. C'est pourquoi on doit agir avec prudence pour introduire des objets nouveaux dans l'environnement. Toujours et encore observer les réactions du malade, et lui épargner tout reproche.

Un point essentiel que nous n'avons pas abordé est le rôle que joue dans votre attitude et tout votre travail le parcours spirituel et philosophique que vous avez vécu en Inde auprès de Swami Prajnanpad...

C. R. – Sans cet arrière-plan, je ne serais pas ce que je suis. Donc je ne peux pas imaginer ma vie autrement, faire comme si cela n'existait pas. Ce n'est pas le lieu d'en parler, ce serait ou trop long ou trop court. Il suffira de dire que j'ai appris auprès de ce sage, en même temps que mon mari et d'autres personnes, à écouter, à ne pas rester bloquée sur un point de vue, une impression, une attitude, à accepter le changement. J'ai aussi appris à me taire.

Se taire, c'est une des choses que j'explique fréquemment dans les formations que je dispense. Quand on ne sait pas quoi dire, pourquoi se croire obligé de faire la conversation ? Il y a des gens que cela choque, quand je fais cette réponse, parce qu'ils ne se rendent pas compte qu'il est possible de rester en silence auprès de quelqu'un de fragile. En fait, si on reste silencieux, l'autre se met souvent à parler, à dire ce dont il a besoin, ce qu'il éprouve. Ce silence laisse place à la parole de l'autre.

Pour rompre avec nos conventions, nos préjugés, nos attitudes habituelles, il suffit quelquefois d'un déclic. J'essaie de semer de petits déclics un peu partout, comme des portes, des ouvertures que les autres pourront emprunter s'ils le veulent, à condition qu'ils en perçoivent l'intérêt et le bénéfice pour eux et pour les autres.

Propos recueillis par Roger-Pol Droit

Quelques conseils pour mieux accompagner le grand âge

Laurence Ah Sang[1]

Dans certaines régions du monde, on vit de plus en plus longtemps et en meilleure santé. Mais vieillir demeure une perspective qui inquiète. « Surtout, ne vieillissez pas ! » entend-on souvent.

Qu'ils se heurtent ou non à des problèmes liés à l'âge, la plupart des gens ont le désir de bien vieillir. Mais comment faire ? Cela dépend en partie de notre état d'esprit, ainsi que de notre volonté et de notre capacité à nous adapter à cette nouvelle phase de la vie.

Beaucoup de gens âgés redoutent de ne plus se souvenir. « Ma pire crainte, c'est de perdre la mémoire. » Ils craignent de ne plus être maîtres de ce qu'un poète de l'Antiquité a appelé le « bol d'or », le précieux cerveau et ses chers souvenirs.

La perte des forces physiques, lorsque les années s'additionnent, est une autre angoisse pour la personne âgée. La fatigue ressentie plus rapidement lors d'une activité en groupe, le besoin de se reposer plus fréquemment caractérisent les personnes de

1. Infirmière à la Fondation Partage & Vie.

grand âge et les poussent à remettre en question leur confiance en elles-mêmes et dans le potentiel qu'elles possèdent. On le constate aussi bien chez la personne qui vit en Ehpad que chez celle qui habite chez elle. Cependant, les attitudes générées par les contextes différents accentuent ou pas les difficultés existentielles.

Il est certain que le maître mot reste le « temps ». Ce qui amène la notion de précipitation qui va modifier la possibilité des choix. Afin de préserver sa dignité, l'homme doit pouvoir prendre des décisions. La vie en institution, qui impose des règles de fonctionnement, limite cette possibilité.

Instaurer un dialogue entre chaque personne est essentiel dans le cas d'une arrivée en Ehpad. Chacun doit réfléchir et comprendre que les situations vont changer. Ce travail doit s'effectuer afin que le mode de vie soit confortable pour la personne de grand âge, et par extension pour les membres de sa famille. Son devenir en dépend.

Un individu bousculé mentalement est frustré et perd ses capacités à s'adapter. La communication instaurée devra être la plus paisible possible. Même s'il impose d'adopter de nouvelles habitudes, le changement de cadre de vie ne diminue en rien la capacité d'une personne âgée à effectuer les tâches de son quotidien, sous réserve qu'on lui donne la possibilité de respecter son rythme.

Il n'est pas rare que des personnes âgées aient peur d'être jugées inutiles. Cependant, en se concentrant sur ce qu'elles *peuvent faire* au lieu de se décourager au sujet de ce qu'elles ne *peuvent plus faire*, le sentiment de leur valeur et de leur utilité sera conservé.

Il faut donc, à mon avis, d'après mon expérience, pour mieux accompagner les personnes de grand âge, en particulier quand leur mémoire faiblit :

Ménager leur dignité et leur amour propre

Ne jamais les réprimander avec rudesse et plutôt les encourager comme s'ils étaient nos pères ou nos mères. L'agressivité naît de sentiments de frustration que l'on peut parfois atténuer par la façon dont on traite la personne. Ne parlez jamais de la personne à d'autres comme si elle n'était pas là ! Même si elle ne comprend pas, elle risque de se sentir exclue, donc humiliée.

Les changements et modifications physiques, de lieux, de temps, demandent beaucoup d'efforts d'adaptation. Félicitons sincèrement l'application et les concentrations consenties pour ce travail sur soi.

Les écouter attentivement

Il est indispensable d'être prêt à entendre, mais lent à parler. Un échange riche découlera de cette façon de procéder. Nous apprenons souvent plus en laissant la personne s'exprimer sans l'interrompre. La conversation étant ouverte, la personne se sentira libre et des trésors d'histoire apparaîtront, qui s'avèrent souvent très utiles pour comprendre des actes qui semblaient incongrus dans un premier temps.

Faire preuve d'empathie

C'est sans aucun doute la qualité par excellence pour une prise en soin réussie.

Observer pour discerner leurs besoins

Mais attention à faire autant que possible « avec eux » sans pour autant faire « pour eux », sans oublier qu'il leur faut un peu plus de temps à présent.

Être patient et doux

Il n'est pas simple de prendre conscience des limites que le temps qui passe impose au fonctionnement quotidien et, pour les accepter, il faut du temps.

Rester calme, et se rappeler que les maladresses ne sont pas volontaires. Il y a plus de chances de coopération si douceur et patience sont au rendez-vous.

Faire travailler les méninges !

Tout comme l'exercice physique fortifie un muscle, l'exercice mental tonifie le cerveau. Pour renforcer les connexions neuronales, on peut par exemple :

- Faire des jeux de lettres, des puzzles, des mots croisés
- Rencontrer du monde ; discuter, sympathiser, éviter la monotonie

- Lire de bons ouvrages ; parler des lectures. Lire et apprendre peut également rendre plus optimiste, en élargissant les horizons
- Encourager à se remémorer des faits agréables du passé (quand cela est possible)

Ces activités intensifient la transmission et montrent aux personnes accompagnées le sens qu'elles peuvent donner à leurs activités. Ce sont des actions simples pour leur démontrer la valeur qu'elles ont, et l'importance que revêt leur existence, jusqu'au bout.

Le tout à dispenser avec amour, sincérité et respect.

Quand nos mémoires s'éloignent, nos émotions demeurent

À propos de certaines interventions non médicamenteuses à promouvoir en Ehpad

Claude Jeandel[1]

Les émotions et la mémoire sont étroitement liées et interagissent de manière complexe. Les émotions influencent notamment la mémoire épisodique, qui désigne le processus par lequel l'être humain se souvient d'événements vécus dans leur contexte : date, lieu, état émotionnel. Ainsi, les souvenirs associés à des émotions fortes, comme la joie, la tristesse ou la peur, sont souvent plus durables.

Par ailleurs, l'état émotionnel peut affecter la mémoire au moment de l'encodage (lorsque l'information est transformée en une trace mnésique) et de la récupération (lorsque l'information est rappelée), l'encodage et la récupération constituant respectivement la première et la troisième des étapes clés du processus de mémorisation (la deuxième de ces étapes étant le stockage, ou consolidation, qui vise à rendre le souvenir plus résistant à l'oubli).

Une personne est ainsi plus susceptible de se rappeler des souvenirs qui correspondent à son état émotionnel

1. Médecin gériatre, professeur des universités, conseiller médical de la Fondation Partage & Vie.

actuel. Ce phénomène encore appelé « congruence affective » rend compte de l'impact de l'humeur sur la façon dont l'information est encodée et interprétée. Les émotions positives et négatives peuvent avoir des effets différents sur la mémoire. Les émotions positives pourraient ainsi améliorer la capacité à former des souvenirs en augmentant l'engagement et la motivation. Les émotions négatives, comme la peur ou l'anxiété, pourraient quant à elles renforcer certains types de mémoire (par exemple, des souvenirs traumatiques), mais aussi perturber le traitement de l'information et la formation de nouveaux souvenirs dans des situations stressantes. Les souvenirs « éclairs », dits *flashbulb*, sont des souvenirs marquants d'un moment spécifique souvent associé à un événement émotionnellement chargé. Si en effet les faits communs de notre quotidien peuvent être rapidement oubliés, en revanche les souvenirs associés à des actualités marquantes, à des événements personnels exceptionnels, ou encore à des grandes étapes de vie, sont plus fortement encodés, ce qui en facilite le rappel.

L'activation de l'amygdale, région du cerveau impliquée dans le traitement des émotions, joue un rôle central dans la sélection, l'acquisition, la consolidation et la récupération des stimuli émotionnels. Elle interagit avec l'hippocampe, structure impliquée dans les processus de mémorisation. Sa relative intégrité au cours du vieillissement normal rend compte de la préservation des effets des émotions sur la mémoire chez les sujets âgés sains.

La réduction du volume amygdalien observée dans la maladie d'Alzheimer est associée à une détérioration des capacités de traitement émotionnel. La grande majorité des études ont mis en évidence une réduction des effets des émotions sur la mémoire chez les patients Alzheimer, l'absence de cet effet ne semblant pas être due à des perturbations des capacités à traiter les informations émotionnelles. Cependant, les effets des émotions sur la mémoire semblent préservés pour des stimuli très intenses et cela surtout chez les patients pour lesquels l'atrophie des régions médio-temporales demeure encore peu marquée.

La maladie d'Alzheimer ne peut par conséquent se résumer à la description de troubles cognitifs et de troubles du comportement d'évolution progressive. Chez les patients atteints de la maladie d'Alzheimer, les perturbations émotionnelles peuvent en effet favoriser la dépression, l'agressivité, l'apathie. Les émotions peuvent également favoriser la résurgence de souvenirs.

La compréhension des relations complexes entre émotions et mémoire est notamment utilisée pour traiter les troubles du stress post-traumatique en recontextualisant les souvenirs traumatiques.

Dans ce contexte, le recours à certaines modalités ou interventions non médicamenteuses peut s'avérer contributif auprès des résidents d'Ehpad. Nous aborderons ci-après quatre d'entre elles : la récupération espacée, la réminiscence, la musicothérapie et l'approche Montessori.

La **récupération espacée** est une technique de mémorisation qui consiste à augmenter progressivement les intervalles de temps entre chaque tentative de rappel d'une information. Cette méthode s'appuie sur le principe que la révision active et répétée d'une information à des intervalles croissants améliore la rétention à long terme. Plus l'intervalle entre les révisions est long, plus le rappel de l'information devient difficile, ce qui renforce la mémoire. Après avoir appris une nouvelle information, une première révision peut avoir lieu quelques minutes ou heures plus tard, la suivante après quelques jours, puis semaines, etc.

Le concept est fondé sur la courbe de l'oubli d'Hermann Ebbinghaus, qui montre que nous oublions rapidement l'information nouvellement apprise, mais que les répétitions espacées peuvent ralentir ce processus. Les premiers intervalles doivent être courts (par exemple, un jour après l'apprentissage initial) puis être progressivement allongés (par exemple, trois jours, sept jours, quatorze jours, etc.). La récupération espacée améliore la rétention à long terme et le rappel : répéter l'apprentissage à des intervalles croissants aide à consolider l'information en mémoire à long terme. Cette récupération espacée améliore la capacité à rappeler l'information même après de longues périodes. Elle peut être utilisée en rééducation cognitive pour aider les patients atteints de troubles de la mémoire (par exemple, les personnes atteintes de la maladie d'Alzheimer) à retenir des informations importantes sur une plus longue période. La récupération espacée se révèle donc une stratégie puissante pour améliorer la rétention et le rappel des informations.

Les **thérapies par réminiscence** font partie des approches non médicamenteuses proposées aux patients souffrant d'une maladie d'Alzheimer ou de syndromes apparentés. Elles consistent à faciliter la réémergence de souvenirs que l'on pensait oubliés. Les séances peuvent être délivrées individuellement ou en groupe. Elles s'appuient sur différents supports afin de fournir des indices pour faciliter la récupération de souvenirs du passé lointain :

- photographies et albums : montrer des photos de famille, des albums de mariage ou des images de lieux familiers ;
- supports musicaux : jouer des chansons ou des morceaux de musique qui étaient populaires pendant la jeunesse du patient ;
- objets personnels : recours à des objets significatifs, comme des bijoux, des lettres ou des souvenirs de vacances ;
- aborder des thèmes spécifiques comme les fêtes traditionnelles, les carrières professionnelles ou les événements historiques marquants.

La réminiscence active différentes parties du cerveau, notamment celles impliquées dans la mémoire épisodique (souvenirs spécifiques d'événements) et sémantique (connaissances générales). Les souvenirs évoqués sont souvent associés à des émotions positives, ce qui peut améliorer l'humeur et le bien-être émotionnel des patients. Les thérapies par réminiscence exercent un certain nombre d'effets bénéfiques. Elles renforcent le sentiment d'identité, elles améliorent la communication et les interactions sociales, elles réduisent l'anxiété et les troubles du comportement productifs en offrant des moments de confort et de familiarité.

La **musicothérapie** est une approche non médicamenteuse qui utilise la musique pour promouvoir la santé physique, émotionnelle et mentale. Elle exploite la puissance de la musique pour provoquer des réponses émotionnelles et peut être utilisée dans divers contextes thérapeutiques. Elle peut être dite « active », quand les bénéficiaires participent activement en jouant des instruments, en chantant ou en improvisant de la musique, ou dite « réceptive », quand ils écoutent de la musique sélectionnée par le thérapeute pour induire des états émotionnels spécifiques ou faciliter la relaxation.

La musique peut évoquer une large gamme d'émotions, de la joie à la tristesse, en passant par la nostalgie et l'excitation. Différents éléments musicaux, comme le tempo, la tonalité et la dynamique, influencent les émotions ressenties. Par exemple, un tempo rapide et une tonalité majeure sont souvent associés à des émotions positives, tandis qu'un tempo lent et une tonalité mineure peuvent évoquer la tristesse.

Les régions du cerveau impliquées dans le traitement émotionnel, comme le système limbique, sont activées par la musique. Il est également bien établi que la musique influe bénéfiquement sur certains paramètres physiologiques, tels que la fréquence cardiaque, la respiration et certains médiateurs chimiques (par exemple la dopamine, l'endorphine et le cortisol).

Il en résulte des applications thérapeutiques pouvant bénéficier aux résidents en Ehpad dans plusieurs champs : la gestion du stress et de l'anxiété, la dépression, la douleur et les soins palliatifs, mais également la réhabilitation cognitive et motrice. Utilisée en combinaison avec des techniques de relaxation, la musicothérapie peut être particulièrement efficace pour les patients souffrant de troubles anxieux. Elle peut améliorer l'humeur et augmenter les sentiments de bien-être chez les personnes souffrant de dépression. Elle peut également encourager l'expression émotionnelle et aider les patients à explorer et à traiter leurs sentiments. La musique peut être utilisée pour gérer la douleur en détournant l'attention et en produisant des effets analgésiques naturels *via* la libération d'endorphines. En soins palliatifs, la musicothérapie aide à améliorer la qualité de vie et à fournir du réconfort émotionnel. Chez les patients ayant présenté un accident vasculaire cérébral, la musicothérapie peut aider à la rééducation cognitive et motrice.

Le recours au chant encourage l'expression de soi et facilite la communication non verbale, particulièrement utile pour les patients ayant des difficultés à s'exprimer verbalement. Les jeux rythmiques peuvent être utilisés pour améliorer la coordination motrice, la synchronisation et l'engagement social. Les thérapeutes sélectionnent des morceaux spécifiques pour induire des états émotionnels ou pour évoquer des souvenirs chez les patients atteints de démence ou de la maladie d'Alzheimer. Les patients présentant des troubles neurocognitifs, soit plus de trois quarts des résidents en Ehpad, sont capables de percevoir et de comprendre les connotations sensorielles et émotionnelles du matériel musical. Ainsi, chez eux, les émotions suscitées par la musique facilitent l'encodage de nouvelles informations et les effets émotionnels de la musique exercent des effets positifs sur l'humeur et le comportement. La musicothérapie est une approche thérapeutique puissante qui utilise la musique pour influencer positivement les émotions et améliorer la santé globale.

La **méthode Montessori** adaptée aux personnes âgées représente par essence une des approches centrées sur la personne. Ces approches permettent d'améliorer de manière proactive la qualité de vie et l'indépendance des personnes, tout en réduisant les comportements problématiques. De ce fait, elles peuvent être considérées comme une véritable modalité de traitement, au même titre que les interventions pharmacologiques, particulièrement adaptée aux personnes présentant des troubles neurocognitifs dans le cadre des affections neuro-évolutives et donc appropriée aux résidents de nos établissements. Les interventions portées par cette méthode agissent tant au niveau de la prise en soin individuelle des résidents (participation à des activités porteuses de sens et valorisantes) qu'au niveau de l'organisation collective (participation des résidents à la vie collective, signalétique adaptée, techniques de communication, etc.).

Cette méthode est fondée sur la philosophie et les principes de la pédagogie scientifique développés par Maria Montessori, médecin spécialisée en médecine de réadaptation, qui a appliqué ces techniques dans un cadre éducatif. La méthode encourage l'engagement dans des activités significatives à tout stade de la démence. Celles-ci sont adaptées pour répondre aux intérêts de la personne, pour contourner les déficits et exploiter les capacités préservées afin de permettre le succès. La méthode Montessori se fonde également sur la mise en œuvre de principes de réhabilitation et d'adaptation de l'environnement, simplifiés pour être applicables à l'échelle d'un système.

L'implémentation de la méthode dans un établissement ne se limite pas à la mise en place d'un programme d'activités « Montessori ». Il s'agit d'un changement de paradigme qui engage l'ensemble des personnels, soignants et non soignants. Dans cette nouvelle optique, tout acte de la vie quotidienne doit être considéré comme une activité dans laquelle le résident peut s'engager à la hauteur de ses capacités physiques et cognitives. Le rôle de l'environnement humain et matériel consiste alors à favoriser cet engagement, en adoptant une posture de facilitateur.

Ainsi, les interventions portées par la méthode Montessori peuvent être regroupées en deux catégories : celles qui agissent au niveau de l'organisation collective (participation des résidents à la vie collective, signalétique adaptée, techniques de communication et de prise en charge, mise en place de nouvelles activités, etc.), et celles qui agissent au niveau de la prise en charge individuelle des résidents, en fonction des capacités préservées et des problématiques psychocomportementales (évaluation des capacités préservées, participation à des activités porteuses de sens et valorisantes, mise en place d'aides externes, etc.).

La méthode s'appuie, entre autres, sur des activités pratiques telles que participer aux tâches quotidiennes (comme plier le linge, préparer des repas simples ou jardiner) ou artistiques (activités créatives comme la peinture, le tricot ou la sculpture), des activités sensorielles (utiliser des objets et des matériaux qui stimulent les sens, comme des tissus de différentes textures, des huiles essentielles pour l'odorat, ou des instruments de musique simples), des activités cognitives telles que des jeux de mémoire (jeux et puzzles adaptés pour stimuler la mémoire et la réflexion), la lecture et l'écriture (encourager la lecture de textes simples ou l'écriture de lettres et de cartes) ou encore des activités sociales (jeux de société et autres activités sociales pour encourager les interactions et renforcer les liens sociaux) ou des discussions guidées (conversations structurées sur des sujets intéressants et significatifs pour les participants).

Les bénéfices attendus de la méthode Montessori appliquée à la démence sont nombreux : augmentation de l'engagement et des affects positifs pendant les activités basées sur la méthode Montessori ; amélioration de l'indépendance dans les activités de la vie quotidienne ; réduction des comportements problématiques en particulier pour les personnes souffrant de démence sévère et de troubles de la communication ; impact positif sur des questions institutionnelles telles que la satisfaction au travail, le turn-over ou l'administration des psychotropes.

Pour toutes ces raisons, la Fondation Partage & Vie a délibérément fait le choix en 2021 de prioriser cette intervention non médicamenteuse et de déployer cette méthode au sein de ses établissements. Une des orientations stratégiques de la Fondation Partage & Vie est en effet la mise œuvre de la méthode Montessori adaptée aux personnes âgées comme « intervention non médicamenteuse » principale au sein de ses Ehpad.

Par ailleurs, et parce que les études réalisées jusqu'à ce jour pour mesurer les impacts de cette méthode au niveau national et international souffrent de certaines limites méthodologiques – les échantillons pris en compte étant généralement de petite taille (nombre de résidents, nombre d'établissements) ou parce que ces études sont peu informatives quant au niveau d'implémentation de la méthode au sein de l'établissement ou de l'unité –, la Fondation Partage & Vie s'est engagée dans la mise en œuvre d'une étude scientifique originale (étude Imemori) de grande ampleur et inédite, sur le plan national et international, pour mesurer les impacts cliniques et organisationnels de la méthode.

L'approche Montessori s'avère donc une méthode prometteuse pour améliorer la qualité de vie des personnes atteintes de la maladie d'Alzheimer. En se concentrant sur l'autonomie, la dignité et des activités significatives, cette méthode peut aider à stimuler les capacités cognitives, à améliorer l'humeur et à renforcer les compétences sociales. Avec une mise en œuvre adaptée et un soutien adéquat, l'approche Montessori peut apporter des bénéfices significatifs aux patients et à leurs soignants.

Pistes de solutions suggérées par les lecteurs du *Point* et les professionnels de Partage & Vie

Interrogés par le magazine *Le Point*, les lecteurs ont suggéré un certain nombre de propositions pour améliorer l'accompagnement.

Il leur était demandé, dans l'édition du 27 mai 2024, d'adresser « des propositions concrètes d'amélioration, qui peuvent concerner les politiques publiques, les règlements des établissements spécialisés, l'accompagnement des personnes atteintes de troubles affectant la mémoire, etc. ».

Nous présentons ici une synthèse concise des réponses, complétées par les souhaits d'évolution formulés par des professionnels œuvrant au sein des Ehpad. L'ensemble de ces propositions sont de natures différentes, mais toutes visent à faciliter la vie avec une pathologie cognitive.

Elles tendent vers la possibilité de continuer à être soi, même quand la vie conduit une personne à vivre au sein d'une structure spécialisée, et qu'elle a plus ou moins perdu la faculté de se dire et de se définir.

PISTES DE SOLUTIONS PROPOSÉES PAR LES LECTEURS DU *POINT*

Les lecteurs du *Point* ont mis en avant l'idée qu'il est important que la Cité soit adaptée au vieillissement et à ses limitations, à la fois sensorielles et motrices. Par exemple, un lecteur propose de « prévoir dans les futures constructions de petits appartements mitoyens des appartements familiaux, pour pouvoir maintenir les personnes âgées chez elles. Double avantage : maintien d'une certaine indépendance des plus âgés tout en facilitant une proximité familiale et des liens entre générations ». Un autre suggère la création d'espaces adaptés comme des salles de sport avec une section pour les seniors.

Un axe qui se dégage des réponses concerne la construction d'une société inclusive pour les personnes affectées par des troubles de la mémoire. Il est proposé d'organiser des tests de mémoire, des ateliers mémoire, mais aussi des ateliers pour entretenir sa capacité à inventer, à créer, à être en prise avec le monde.

Une idée revient dans beaucoup de témoignages : s'assurer que le personnel est parfaitement formé, correctement rémunéré, et à sa juste place dans l'accompagnement. En effet, il est essentiel de respecter la personne dans sa dignité et dans sa personnalité, quels que soient ses troubles. Cela peut aussi passer par le développement de solutions alternatives aux hébergements spécialisés : accueils de jour, structures d'accompagnement de proximité et à taille humaine.

Pour atteindre cette qualité, il faudrait que la mémoire soit perçue comme un sujet de santé publique, ce qui permettrait de structurer une réponse collective : recherche, traitement, accompagnement...

Enfin, certains lecteurs mettent l'accent sur la prépondérance de l'entourage et soulignent notamment l'importance de créer des congés pour les aidants.

PISTES DE SOLUTIONS PROPOSÉES PAR LES PROFESSIONNELS DE PARTAGE & VIE

Permettre à chacun de continuer à s'autodéterminer

Quand on ne peut plus parler pour soi, ce sont les autres qui nous définissent. C'est pourquoi les professionnels ont besoin de recueillir des éléments de vie des résidents pour garantir que leurs souhaits, besoins et attentes soient respectés.

L'aspect psychologique de l'autodétermination

- À domicile ou lors de l'entrée en Ehpad, un échange avec la personne âgée sur la représentation et la symbolique de la notion de « chez soi » permettrait de faire émerger, grâce à des ateliers, ce que signifie pour elle cette notion et quels en sont les marqueurs.

- Une étude de sociologie ou de psychologie sur la notion de « maison » aiderait à comprendre pourquoi certaines personnes préfèrent vivre isolées, dans une maison non adaptée, plutôt que de changer d'espace de vie.
- La participation des soignants à la visite de préadmission favoriserait le lien entre le sens que la personne donne à sa vie et ce qu'elle souhaite conserver. Cela permettrait aussi d'adapter les soins à l'histoire de vie, et donc de ne pas réduire un résident à ce qu'on pense savoir de lui.

L'aspect matériel de l'autodétermination

- Donner la possibilité aux postulants d'investir totalement leur nouveau lieu de vie. Les résidents apportent leurs meubles et objets en rapport avec leur environnement de toujours, objets dépositaires de leur histoire de vie, de leur symbolique.
- Créer des studios (entre 25 et 30 m^2) plutôt que des chambres dans les nouvelles structures, afin de limiter la rupture avec la vie « d'avant », les chambres générant le sentiment de se retrouver dans un seul espace destiné principalement au sommeil.

Déclarer les métiers de l'accompagnement et du soin comme des métiers à haute valeur humaine ajoutée

- Au même titre que nos sociétés valorisent certaines compétences, le raisonnement mathématique, la capacité physique d'un sportif, l'oreille absolue d'un musicien, etc., il s'agirait de considérer comme un véritable don la capacité à entendre, à aider l'autre.

Cultiver et honorer l'empathie

- La reconnaître comme une compétence indispensable. Être attentif au respect verbal, à ne pas utiliser des phrases qui infériorisent le résident.
- Les comités éthiques d'établissement pourraient s'autosaisir de toutes questions éthiques, notamment des situations nées de relations tendues avec les proches des résidents et les difficultés engendrées par des décisions unilatérales prises par des praticiens.

Créer des espaces pour se raconter

- La possibilité pourrait être offerte à toute personne, à l'instar du dispositif des directives anticipées, de rédiger son récit de vie, ses souhaits personnels. Quand d'éventuels troubles cognitifs ou une pathologie de la mémoire viendront perturber une personne dans sa capacité à énoncer clairement ses choix, ses goûts et dégoûts, ce document en indiquerait l'essentiel.
- Les personnes soucieuses de continuer à vivre en accord avec leurs habitudes de vie pourraient rédiger leurs volontés et les confier à une personne de confiance. Les professionnels pourront se saisir

de ce document contant l'histoire de vie, les choix du nouvel accompagné. Une telle source d'informations permettrait aux soignants d'adapter leurs accompagnements et leurs postures.

Pour une personne âgée pleinement citoyenne

Geneviève Mannarino[1]

C'est un choix de société qui doit nous interpeller, un défi sociétal et démographique à relever. Évoquer l'autonomie des personnes, c'est croiser toutes les autonomies possibles, qu'elles soient fonctionnelle, morale ou physique. Il faut repenser l'exercice des droits et l'accès à ces mêmes droits. Notre pays doit simplifier la complexité administrative omniprésente en tenant compte des besoins de chaque territoire, ce que je nomme le « premier kilomètre ». Une vision stratégique pour un territoire inclusif sera réussie si l'on interroge la faisabilité d'une gouvernance simplifiée.

Il est donc temps de se questionner sur le parcours de la personne âgée.

La gouvernance publique étant dispersée, les multiples échelons d'accès à l'accompagnement par des professionnels nous font trop souvent oublier une question cruciale : à quel moment la personne vieillissante va-t-elle faire le choix de son propre parcours ?

Il faut donc prévenir mieux en associant les seniors, en décidant avec eux de ce choix de parcours sans

1. Conseillère spéciale du président du Conseil de la CNSA.

systématiquement proposer de solutions binaires, et en identifiant avec eux leurs besoins, en consolidant avec eux leur autonomie.

Les enjeux sont considérables et demandent presque une révolution de notre système et de notre action publique. Il faut reconstruire un cadre d'action cohérent afin d'éviter les dispersions des acteurs et d'ainsi diversifier l'offre.

Alors, osons nous réinterroger ! C'est au nom des solidarités et de leur innovation sociale qu'il faut bousculer nos codes et nos repères. N'est-ce pas le moment de sortir du déni, de changer de regard sur le grand âge et de permettre aux personnes âgées de continuer à décider par elles-mêmes le plus longtemps possible ? Comment tendre, en outrepassant les réponses binaires actuelles, vers une diversification des offres de logement proposées aux personnes vieillissantes ? Une réforme phare est nécessaire.

Notre société a progressivement fait de la retraite une véritable barrière entre les âges, ce qui contribue à la mise à l'écart des plus âgés de nos concitoyens et à la diffusion d'une image dévalorisante de la vieillesse.

Ce cloisonnement entretenu entre les aînés et le reste de la société n'est pas seulement nocif en tant que tel. Il nous prive d'atouts considérables tant pour le développement des liens sociaux que pour le développement économique de notre pays. En effet, celui-ci a bien du mal à attribuer aux aînés un rôle déterminant dans la production de richesses. Car si une minorité d'entre eux, touchée par des incapacités, a besoin d'être soutenue, la grande majorité pourrait être mobilisée sur les terrains économiques, éducatifs et sociétaux. Autrement dit, la définition d'un rôle moteur des aînés dans leur territoire de vie servirait non seulement leur intérêt en favorisant le « bien vieillir », mais également celui de toute la société, comme facteur de développement durable et de cohésion sociale.

Dans un pays où un tiers de la population aura demain plus de 60 ans, les enjeux sont considérables. Sur le terrain, on associe encore trop souvent la vieillesse à une image négative, et vieillir évoque fréquemment l'idée d'« aller moins bien ». Or, la personne âgée est avant tout une personne, qui possède un vécu, des goûts, des envies, des habitudes, des obligations et des frustrations. Échanger et construire un lien de confiance avec elle est indispensable. Je ne suis pas une professionnelle de l'accompagnement mais, lors de mes diverses missions et mandats, j'ai parfois pu mesurer la difficulté de trouver le juste mot à l'égard de nos aînés. Nous ne mesurons pas toujours la portée de nos paroles et de nos actes. C'est pourquoi le rôle des proches et des intervenants est délicat : il s'agit d'accompagner tout en laissant le plus grand espace de liberté possible, de respecter le choix de la personne âgée, qui reste citoyenne, de lui donner sa juste place dans la société. C'est là le devoir de tous.

La bientraitance vers laquelle nous devons tendre repose sur la conviction que toutes les personnes âgées possèdent leur dignité et que toutes ont besoin de lieux d'expression et d'épanouissement. Si l'écoute est une rencontre, tout professionnel ou aidant doit y être préparé. C'est ici qu'entre en jeu la nécessité absolue de former mieux, d'encourager, de déculpabiliser et surtout de redonner leurs lettres de noblesse aux métiers du soin.

Dans cette perspective, je crois fermement à l'importance des initiatives qui favorisent les échanges et le partage d'expériences entre les diverses générations, contribuant ainsi à renforcer le lien social et à lutter contre l'isolement.

Les orientations de la CNSA, gestionnaire de la branche Autonomie de la Sécurité sociale, visent à promouvoir la solidarité et l'exercice d'une pleine citoyenneté en favorisant notamment la représentation et la participation de la personne, quelle que soit sa situation, en luttant contre la discrimination et l'âgisme.

Les solutions les meilleures, ou les moins mauvaises, se dessinent seulement par le dialogue et l'échange.

Construire à plusieurs, c'est rechercher le « sur-mesure ». C'est un devoir éthique.

Les chemins de la mémoire

François Bayrou[1]

J'ai souhaité être des vôtres parce que les questions que vous abordez m'importent à plusieurs titres. Vous avez mentionné mon titre de Commissaire au Plan. Dans cette fonction, je dois voir l'évolution démographique et sociale en perspective[2], et mesurer ce que va signifier, dans quatre ou cinq ans, une augmentation de la tranche d'âge 75 à 84 ans de près de 2 millions de personnes. En très peu d'années, nous allons passer d'environ 4 millions de personnes de cette tranche d'âge à environ 6 millions ! Par la suite, fort logiquement, dans la décennie 2030, c'est la population des plus de 85 ans qui va connaître une véritable explosion, avec un taux de croissance supérieur à 50 %. Selon les projections de l'Insee, la France pourrait compter entre 62 000 et 120 000 centenaires en 2040 (76 000 selon le scénario central). Le vieillissement de la population connaît une véritable

1. Haut-Commissaire au Plan.

2. « Vieillissement de la société française : réalité et conséquences », Haut-commissariat au Plan, Note stratégique n° 13, 9 février 2023.

accélération : la génération des *babyboomers*, nés juste après la Seconde Guerre mondiale, devient celle des *papyboomers*. Je ne crois pas que nos sociétés aient jamais connu une mutation de cet ordre. C'est bien un nouvel équilibre social qu'il nous faut collectivement trouver.

Je m'intéresse aux questions qui sont les vôtres parce que je suis également maire de Pau, président d'agglomération et président d'un centre communal d'action sociale (CCAS) important dans une ville qui compte 80 000 personnes, dans une agglomération qui en compte 160 000. Même si des mesures nationales sont nécessaires pour développer l'emploi de travailleurs expérimentés, soutenir l'activité associative des seniors ou améliorer la prise en charge de la perte d'autonomie et de la dépendance, c'est en grande partie au niveau local que doivent s'articuler nos réponses pour répondre aux aspirations profondes des personnes âgées.

C'est également au titre de citoyen, de père de famille, de fils que je suis touché par les interrogations que vous posez. J'ai éprouvé ce qu'était l'arrachement, la désorientation provoquée par les accidents de vie, qui nous plonge au cœur de l'attente et parfois du désespoir.

C'est à ces titres si divers que je m'adresse à vous.

En pensant à la mémoire et au grand âge, je vois ma mère frappée par un AVC à 90 ans. Cet AVC l'a conduite à une perte complète d'autonomie physique et de mémoire. Ma sœur est médecin ; elle vivait dans la même maison, notre maison natale. J'habite juste à côté. Elle n'a pas entendu la chute de ma mère pendant la nuit, donc elle ne l'a trouvée que le lendemain matin tard. C'était terrible, parce que cette année-là, j'étais en campagne présidentielle. Ma sœur et moi nous étions juré que maman n'irait jamais dans un Ehpad. Mais il a bien fallu se rendre à l'évidence qu'on ne pouvait pas faire face.

Nous avons vécu cette situation, ma sœur et moi, avec un très grand sentiment de culpabilité. La maladie a continué, et son état s'est dégradé. Je vous confie des choses très personnelles, que je n'avais pas imaginé vous dire, mais elles m'ont fait découvrir les singularités des chemins de la mémoire. Notre mère était hébergée dans un très joli Ehpad, non loin du petit village où nous sommes nés, et où je vis toujours, à côté de Pau. Avec les montagnes en fond de paysage, et une terrasse d'où on peut les contempler.

J'ai éprouvé, à ce moment-là, ce que tant de personnes éprouvent tous les jours dans nos maisons de retraite. Nous avons à Pau des maisons de retraite publiques, construites avec le CCAS, formidables, je crois, à tous les points de vue, y compris du point de vue du prix journalier très bas. Mais on peut aussi y éprouver du désarroi face à la perte apparente des facultés d'expression, avant de découvrir ce qui reste, c'est-à-dire la mémoire lointaine. La mémoire immédiate disparaît, l'identification des lieux et des personnes aussi. Mais les émotions ne disparaissent pas ; ce cœur de personnalité et d'émotions demeure, par-delà le désarroi, dans le cercle de mémoire qui subsiste.

Nous mettons en place d'autres cercles de mémoire, chez nous, autour de la langue béarnaise qui n'est presque plus parlée par les plus jeunes. On a constitué des cercles de langue pour que des femmes et des hommes, qui ont presque perdu le caractère de locuteur de la langue, puissent se retrouver autour de cette émotion linguistique qui consiste à parler la langue de son enfance, alors qu'on la croit perdue.

C'est pour toutes ces raisons que je trouve le sujet de votre rencontre annuelle terriblement engageant. Il me concerne en tant que personne, comme pouvoir public, et comme responsable d'une certaine vision de la société dans les vingt ans qui viennent. Ces expériences intimes, familiales et politiques sont importantes pour essayer de comprendre. Il n'y a pas que les chiffres du Plan. D'ailleurs, si on lisait ces chiffres comme on devrait les lire, on verrait qu'ils sont porteurs d'une émotion et d'une exigence civique et démocratique.

On sait à quelles difficultés nous allons être confrontés. On ne sait pas encore si la science médicale va trouver des solutions thérapeutiques à ces syndromes terriblement obsédants. Mais en attendant, il faut inventer des expériences inédites. Pour ma part, je suis l'auteur d'une expérience que nous ne sommes que deux à avoir fait en France, à ma connaissance, parmi les responsables publics, Henri Emmanuelli et moi. Dans les Landes, Henri Emmanuelli a bâti un village consacré à l'accueil des personnes atteintes de déficit de la mémoire et de maladies neurodégénératives de type Alzheimer. J'ai bâti, à peu près dans les mêmes années, il y a vingt-cinq ans, dans un chef-lieu de canton qui s'appelle Morlaàs, à côté de Pau, un établissement entièrement dédié à Alzheimer, qui marche formidablement bien, même si ces initiatives sont à ma connaissance demeurées uniques et n'ont pas été reprises ailleurs.

On préfère aujourd'hui réserver quelques places, au sein d'établissements mixtes, aux patients atteints d'Alzheimer, pour éviter la ségrégation et le sentiment d'exclusion. Cette maison entièrement dédiée à Alzheimer était menacée, il y a encore quelques mois, parce que certains, au sein de l'agence régionale de santé (ARS), trouvaient que ce n'était plus le bon modèle. Pour baisser les prix, il fallait sortir de ce modèle. Or, vous avez tout un personnel qui est tout à fait formé, ce qui est absolument rassurant pour les familles. La mobilisation des familles, avec un peu de mon aide, a réussi à sauver l'établissement et, peut-être, à élargir le nombre des personnes qui pourront y accéder. Il compte 60 places à peu près.

En tout cas, la recherche a un énorme travail à faire, et pas seulement celle qui porte sur les pathologies elles-mêmes, mais aussi la recherche que vous conduisez, tous et toutes ensemble, pour élaborer les réponses pratiques que pour l'instant nous n'avons pas.

Vous avez très justement évoqué le logement. Le choix ne peut plus être binaire : rester à la maison, comme les personnes le souhaitent et les familles aussi (90 % des Français souhaitent vieillir chez eux, à savoir dans leur domicile historique ou, *a minima*, dans un endroit où ils se sentent chez eux), ou basculer soudainement dans un Ehpad, très tard, à un moment où il est beaucoup plus difficile de s'intégrer. Il faut inventer des formules intermédiaires, des maintiens de l'autonomie face aux difficultés croissantes. Le « chez-soi » n'est par exemple pas toujours le domicile où la personne a passé sa vie ; ce peut être un logement qui réunit les critères d'intimité de l'habitat et de confort adapté. De nombreuses autres formules ont émergé (cohabitation intergénérationnelle, habitat inclusif, etc.). Ces alternatives doivent être mieux connues et développées afin d'améliorer la qualité de notre réponse au vieillissement. Les Ehpad, qui sont appelés à évoluer notamment dans le sens d'un meilleur taux d'encadrement et d'une meilleure intégration avec la médecine ambulatoire et hospitalière ou les services d'aide à domicile, resteront un maillon indispensable de la prise en charge du grand âge.

On pourrait aussi, peut-être, redécouvrir les leçons à tirer des modes de vie antérieurs. Il n'y a pas si longtemps, dans une démarche d'intégration presque spirituelle, on prenait en charge tous les âges de la vie, et on s'accommodait des âges de la vie. C'était encore le cas, dans mon enfance, dans les villages béarnais d'où je suis issu. À 20 ans, j'ai mis des hommes et des femmes que j'aimais dans la tombe, avec mes mains. Ne croyez pas que je souhaite retourner en arrière. Mais je sais qu'il y a mille inventions à élaborer pour retisser les liens entre les générations et les temps de la vie, pour lutter contre la solitude, l'indifférence et le désespoir.

Cela coûte cher, certes. La question des finances publiques va constituer, dans les mois et les années qui viennent, un obstacle de taille à la manière dont nous organisons notre avenir. Entre 1979 et 2019, la part des plus de 60 ans dans la population est passée de 17 à 26 % et cette évolution a alimenté la hausse des dépenses de protection sociale qui ont progressé sur la même période de 25 à 31 % du PIB. Quels que soient les choix formulés par la société, l'idée que les finances publiques n'ont pas de limite est fausse. Il va donc falloir mieux utiliser les ressources publiques, les utiliser différemment en pensant différemment.

Les métiers du soin, de la prise en charge, de l'accompagnement ont besoin de reconnaissance. Dans les prochaines années, il faudra qu'on trouve plus de 100 000 personnes qui accepteront d'entrer dans ces métiers-là, 1 000 personnes par département en moyenne. Nous n'y sommes pas. Une vaste politique est à construire, qui ne se contente pas des réponses numériques, statistiques, qu'on avait jusqu'à maintenant. C'est une mutation de la relation, de la prise en charge que nous avons à penser, qui implique la recherche, les médecins, tous ceux parmi vous qui ont une expérience professionnelle, les pouvoirs publics et les familles.

Je m'arrêterai sur ce dernier point. Ce qui me frappe, c'est que les pouvoirs publics, les maires, les présidents de grandes agglomérations, savent qu'ils sont devant ce problème. Les philosophes, comme Roger-Pol Droit que je remercie pour l'invitation et la préparation de ce colloque, savent aussi qu'un problème existe. Mais les proches et les familles, c'est au dernier moment qu'ils le découvrent. Je le comprends bien, pour l'avoir vécu : je n'avais aucune envie d'imaginer que des drames de cet ordre puissent arriver. Ce que j'imaginais, c'est que tout durerait longtemps et paisiblement, de manière heureuse. Je trouve que les familles ne sont pas suffisamment averties. Nous manquons de dialogue, d'information et de sensibilisation autour de ces sujets.

Ce sont des sujets qu'on repousse, qui paraissent tabous, si j'ose dire. Une fondation qui s'appelle Partage & Vie a pour vocation de faire comprendre à chacun que l'accompagnement du grand âge constitue une question intérieure à chacun d'entre nous, à chaque famille. Ces sujets sont devenus centraux pour le cœur et pour l'esprit, pour la personne et pour nos communautés. Ils nous contraignent à inventer une pratique du monde qui n'a pas de précédent.

C'est pourquoi je suis très heureux d'avoir partagé avec vous ces quelques réflexions.

Épilogue et solutions

Delphine Langlet[1]

En écho avec le thème de cette session de nos travaux éthiques, ma conclusion aurait pu s'appeler « *Memento* », comme le « Souviens-toi » latin, cet impératif qui oblige chacun à garder en tête les choses essentielles. *Memento mori*, « souviens-toi de la mort », bien sûr ; *memento vivere*, « souviens-toi de vivre », symétrique et consécutif au premier.

Souviens-toi aussi de ces travaux qui peuvent aider chacun. Proches, aidants, en quête d'idées, pour ne pas dire de solutions, pour mieux accompagner leurs parents atteints de la maladie d'Alzheimer ou de maladies apparentées. Mais également soignants, professionnels et bénévoles intervenant auprès des plus fragilisés, qui auront, je l'espère, trouver dans ces travaux et partages d'expériences l'occasion de réinterroger le regard qu'ils portent sur les personnes dont ils prennent soin, de mieux comprendre des maladies – complexes, diverses, déroutantes pour beaucoup d'entre nous –, d'enrichir leurs pratiques et de trouver soutiens et relais auprès d'autres partageant une même

1. Directrice générale de la Fondation Partage & Vie.

proximité avec des patients atteints de ces troubles et maladies. Citoyens, enfin, tenus – ou se tenant – parfois à l'écart de ces situations, qui par leur juste information et l'acculturation à ces enjeux apporteront une partie des réponses globales à mettre en œuvre.

C'est donc un impératif de conserver à l'esprit la vigueur avec laquelle se pense et évolue aujourd'hui l'accompagnement des plus âgés d'entre nous, qui plus est quand ceux-ci souffrent de troubles de la mémoire et de la cognition ; il est impératif aussi que chacun garde à l'esprit l'engagement dont ont témoigné, dans ce livre et auparavant lors des Estivales, les professionnels de la Fondation Partage & Vie, qui ont accepté de partager, dans ce cadre institutionnel, leurs réflexions et leurs pratiques pour faire bien, pour faire mieux auprès des plus anciens : pour faire preuve d'écoute, d'attention, d'ingéniosité auprès de ceux qu'ils accompagnent au quotidien dans les résidences et les établissements de notre Fondation. Au-delà des établissements de la Fondation, c'est une grande partie d'un secteur méconnu, parfois injustement jugé, qui peut se retrouver dans nos échanges.

Je tiens à remercier également tous les intervenants externes qui, à nos côtés, ont porté sur le grand âge, sur les vulnérabilités liées aux fragilités de la mémoire, sur nos métiers, un regard éclairant parfois aussi questionnant. Ils nous ont invité à considérer les enjeux auxquels les professionnels dans les établissements, mais bien sûr également la plupart des familles (on l'a lu dans les remarques formulées par les lecteurs du *Point*) font face au quotidien. Ils l'ont fait sous des angles divers, porteurs chacun sinon de solutions, du moins d'idées pour mieux comprendre chacune des personnes que nous accompagnons, pour continuer à progresser dans nos savoir-faire et nos savoir-être, sans être désarçonnés par ce qui nous échappe : la mémoire, la cognition, la parole, et finalement la vie.

Leurs approches, qu'elles soient celles de professeurs de médecine, d'écrivains, de représentants institutionnels, de proches, sont d'autant plus intéressantes qu'elles ne se sont pas construites *in abstracto*, sur la base d'une conception théorique et désincarnée des patients ni de manière déconnectée de ce que les professionnels du quotidien constatent, ressentent, supposent. C'est même tout le contraire : les professeurs Naccache et Jeandel nous aident, par leurs propos, à comprendre le fonctionnement du cerveau, les différentes « mémoires » qu'il abrite, à identifier les symptômes des maladies neurodégénératives et les troubles qu'elles déclenchent ; mais la recherche de solutions, comme ils l'exposent explicitement, pour les patients qui en sont atteints repose pour beaucoup sur l'attention portée par les soignants – agents de soin, aides-soignants, infirmiers, psychologues, etc. – au quotidien sur des patients ou résidents avec lesquels ils tissent une relation d'une grande intensité, pour ne pas dire d'intimité. La compréhension et l'action se nourrissent de ce dialogue ; et ce dialogue est essentiel pour renforcer la confiance de chacun dans les protocoles qu'il met en place, dans sa juste appréciation des situations individuelles, dans les initiatives qu'il prend.

Grâce à ces échanges, nos travaux ont permis de mettre en lumière nombre de propositions ou solutions, permettant un accompagnement toujours plus éthique des personnes très âgées.

Sans être exhaustive, j'invite le lecteur à en retenir quelques-unes, qui, pour certaines d'ailleurs, sont d'ores et déjà en place, mais qui peuvent être mal comprises, méconnues, masquées par des idées préconçues, nombreuses et néfastes dans le champ médico-social :

– La **formation**, d'abord, largement soulignée par Mme Geneviève Mannarino dans son article « Pour une personne âgée pleinement citoyenne » : la formation est à accentuer et diversifier, pour donner à chacun tout au long de son parcours professionnel l'occasion de progresser dans un échange continu entre les apprentissages de l'expérience et du terrain et ceux, plus théoriques, qui consolident, sécurisent, donnent confiance. En matière d'accompagnement des troubles de la mémoire, ces formations peuvent transformer les modes d'accompagnement. Partage & Vie a fait le choix de développer dans chacun de ses établissements la méthode Montessori, et l'on a pu voir dans les pages précédentes combien cela avait modifié la relation entre accompagnant et accompagné quelles que soient les fragilités de chacun. Cette méthode vise à s'appuyer sur les capacités préservées de la personne, en évitant les situations d'échec et en recherchant les occasions de tirer profit des savoirs maintenus. Elle repositionne le soignant en aidant et non en substitut systématique de la personne vulnérable. Elle nécessite un rapport au temps et à la performance différent. Comme l'a parfaitement illustré Mme Colette Roumanoff dans son propos, il suffit parfois de peu de choses pour permettre à une personne qui semble les avoir oubliées de faire certaines actions du quotidien, qui la rassurent, la divertissent, lui font plaisir : éplucher des légumes, se raser, jouer au ping-pong…

- L'**amélioration du cadre de vie** : lorsque les personnes âgées, souffrant de troubles cognitifs, sont accueillies dans des établissements, on constate combien le fait de leur proposer un chez soi où elles se sentent « comme à la maison » est utile à la préservation d'une certaine autonomie, mais surtout à l'expression d'un réel apaisement, permis par la réactivation de repères qu'elles ont pu connaître. À Partage & Vie, nous proposons systématiquement au résident de meubler sa chambre avec des objets provenant de son précédent domicile. Décorer l'ensemble de l'établissement, même les parties communes, avec des objets chargés d'histoire est devenu l'un des marqueurs de l'art d'accueillir que nous encourageons au sein de notre Fondation.
- Le **partage des savoirs** et le **développement des temps d'échanges** : entre professionnels, avant toutes choses, mais aussi au sein de l'ensemble de notre société. Informer, prévenir, expliquer, rassurer doivent être des obligations et des réflexes : sur le vieillissement, sur la santé, sur les troubles de la mémoire et de la cognition… À Partage & Vie, nous en faisons le constat à un moment aigu, celui de l'admission en établissement, moment charnière où s'exacerbent parfois des craintes, des incompréhensions, des questionnements, auxquels chacun – accompagnant comme accompagné – était

insuffisamment préparé, voire n'avait pas du tout été préparé. Beaucoup d'entrées en Ehpad se font dans l'urgence – après une hospitalisation ou une situation de crise à domicile. Pour autant, quelles que soient les vulnérabilités de la personne, rechercher une transition consentie plutôt qu'une rupture entre un avant – familier, encombré de souvenirs et de repères – et un après, qui dans le pire des cas pourrait être impersonnel et inhabité est une obligation.

– Dernière proposition que je retiens – mais beaucoup d'autres ont émergé de ces travaux, la **nécessité de célébrer la mémoire** : à près de 50 %, les lecteurs du *Point* l'ont dit : l'Ehpad doit être un lieu de transmission des « histoires de vie », un lieu où la mémoire... se mémorise et s'éternise. Juste avant qu'elle ne s'échappe. Faisons de nos maisons des lieux où s'entendent des voix et se voient des vies, qui ne doivent pas être cachées. Des voix qui portent les vies qu'elles ont traversées, le souvenir de leurs engagements, de leur expérience, dont on a tant à retirer. L'œuvre de David Foenkinos est à cet égard admirable. Son livre *Les Souvenirs*, dans lequel il est confronté à la vieillesse de ses grands-parents, en Ehpad notamment, constitue une sorte de méditation sur la mémoire, l'importance de se souvenir des moments précieux et la nécessité de vivre pleinement pour créer des souvenirs qui valent la peine d'être chéris : « Les souvenirs sont parfois le seul refuge qu'il nous reste quand tout s'effondre. » Il n'est pas toujours facile cependant de préserver ces souvenirs – rares et évanescents.

C'est pourtant bien là l'une de nos obstinations à Partage & Vie : mettre les plus âgés au cœur de notre société, faire en sorte qu'on les voie, qu'on les entende, que l'on fasse perdurer la richesse de leurs mémoires. Nous avons à cet égard soutenu le film *Les Vieux*, de Claus Drexel, sorti en avril 2024, que je vous invite à visionner. Nous avons donné la voix aux anciens à travers les podcasts « Les pas si sages », que la Fondation Partage & Vie produit depuis plusieurs mois.

Je suis convaincue que seule cette représentation renouvelée du grand âge, commune et collective, permettra de décupler les effets de notre engagement, de ceux de nos soignants et professionnels, et de lui donner un écho – que l'on peine encore à faire résonner –, public, politique, sociétal, à la hauteur de ce que l'enjeu exige.

À cet égard, les mots de Thomas Mann dans *La Montagne magique* nous ouvre une magnifique perspective – complexe mais optimiste :

> Les troubles de la mémoire sont des obstacles, mais ils peuvent être surmontés par la volonté et la persévérance. L'esprit humain a cette capacité remarquable de trouver des chemins nouveaux, même dans le brouillard de l'oubli.

Les contributeurs à la réflexion éthique de Partage & Vie en 2024

Cet ouvrage s'appuie sur l'ensemble des travaux et réflexions conduits entre septembre 2023 et août 2024.

Ces travaux ont été conduits par Roger-Pol Droit, philosophe, écrivain, conseiller de Partage & Vie pour la réflexion éthique, en étroite collaboration avec Jean-Yves Dayt, directeur d'établissements (Les Dames-Blanches, Yvetot, et L'Archipel, Duclair, en Seine-Maritime) et Noémi Poirier, responsable de site (L'Archipel, Duclair)

Y ont notamment participé :

- *Une centaine de professionnels* intervenant dans les établissements et au siège de Partage & Vie, qui ont répondu à une enquête électronique menée début 2024, dont les résultats sont restitués au fil des pages du présent ouvrage.
- Des ateliers de travail en région ont été organisés, auxquels ont participé les personnes suivantes
    - o *Atelier éthique de Dieppe*, Ehpad Jacques-Bonvoisin (Seine-Maritime)
        - Professionnels de l'établissement :
            - Laurence Ah Sang (IDE)
            - Caroline Berland (IDEC)

- Raynulla Denys (aide-soignante)
- Priscilla Gentil (psychologue)
- Alice Kobylarey (alternante de direction)
- Marine Leblond (aide-soignante)
- Mme Lethelier (belle-fille et petite-fille de résidente, aide-soignante en USLD)
- Chloé Mille-Cossard (ergothérapeute)
- Sylvie Mouquet (fille de résident)
- Zoé Bocquet (petite-fille de résident)
- Nicole (bénévole pour les fins de vie)
- Laura Vauquelin (IDE)
- Marie-Odile Vincent (directrice de l'établissement)
- Yveline Rope (agente cadre de vie)

▪ Résidents :
- Sylvie Berjonneau
- Patrick Gaudet
- Michel Stien

o *Atelier éthique de Maule*, Ehpad La Mésangerie (Yvelines)

▪ Professionnels de l'établissement :
- Nathalie Amand (psychologue)
- Soufiane Arbib (responsable cadre de vie)
- Aurélie Asselin de Beauville (aide-soignante)

- Julien Beaudet (chargé de développement et partenariat)
- Éva Claises (agent cadre de vie, bionettoyage)
- Zorha Daoudi (IDE)
- Delphine Delatouche (agent cadre de vie, hôtellerie)
- Cathy Delattre (animatrice)
- Stéphane Forman (cadre de santé)
- Cécile Feuillatre (directrice de l'établissement)
- Ingrid Francillette (adjointe de direction)
- Anaïs Lhuillier (employée administrative, accueil)
- Guerda Olisca (agent de soins)
- Jannick Reault (professeure APA)
- Caroline Sander (psychomotricienne)
- Masilia Thelusma (aide-soignante)

o *Atelier éthique de Cerisy*, Ehpad L'Abbaye (Manche)

- Aurélie Daireaux (psychologue)
- Marie-Ange Cozette (assistante de soins en gérontologie)
- Sophie Malapel (directrice de l'établissement)
- Maurine Lohier (aide-soignante)
- Guillaume Lefebvre (animateur AMP)
- Valérie Deschamps (AMP)

  - Isabelle Berard (aide-soignante)
  - Elise Dillies (aide-soignante)
  - Déborah Heuslin (IDEC)
  - Natalie Guyan (IDE)
  - Aurore De Saint Jores (responsable cadre de vie)

- Au siège de Partage & Vie, ont également contribué au travail éthique de 2024

  - Dominique Coudreau (président du conseil d'administration)
  - Delphine Langlet (directrice générale)
  - Pr Claude Jeandel (conseiller médical)
  - Françoise Gauchard-Robin (directrice territoriale région nord-ouest)
  - Éric d'Alançon (directeur territorial région Île-de-France)
  - Catherine Schwartz (directrice de la communication et du mécénat)
  - Mary Detouillon (responsable communication)
  - Bruno Doerler (directeur général délégué en charge des opérations)
  - Anna Perraudin (chargée de projets stratégie et organisation)
  - Mila Huet-Tournier (stagiaire chargée de projets stratégie et organisation)
  - Sylvie Cayot (assistante de la direction générale et de la présidence)
  - Christine Garand (assistante de la direction générale et de la présidence)

- Andreia Marinho-Pereira (chargée de communication numérique)
- Cécilia Taing (assistante et chargée de communication)

Les auteurs

Laurence Ah Sang : formée à Dieppe, Laurence Ah Sang est infirmière diplômée d'État depuis 1997. Elle a notamment travaillé lors de ses études sur la place du stress lors de la prise en soins en psychiatrie sur l'île de la Réunion, ainsi que sur le sens donné aux troubles psychiatriques. Elle a travaillé, de 1998 à 2002, comme infirmière dans des services hospitaliers et en unité de soins des handicaps mentaux et moteurs, puis en profession libérale entre 2003 et 2011. Après une pause de quelques années pour cause de maladie, elle a travaillé pour un institut de soins d'orthodontie, avant d'intégrer, toujours comme infirmière, un Ehpad en 2018. Depuis 2020, elle s'investit dans la Fondation Partage & Vie. Avec, toujours, une véritable implication dans la démarche de fin de vie autour des résidents, des familles et du personnel.

Nathalie Amand est psychologue à l'Ehpad « La Mésangerie », à Maule (Yvelines), de la Fondation Partage & Vie depuis 2023. Elle est psychologue clinicienne (spécialisation en gérontologie) diplômée de l'université Paris-Descartes (Paris-5) depuis 2012.

Forte d'une expérience multiple en gérontologie, en tant qu'aide-soignante, formatrice auprès des professionnels, psychologue au domicile au sein de SSIAD, puis au sein d'Ehpad, elle travaille comme psychologue auprès des personnes âgées, de leurs proches et des professionnels depuis plus de douze ans. Parallèlement à ses missions d'accompagnement, de soutien et de détection des troubles, elle développe la mise en place de thérapies non médicamenteuses et aide au déploiement de la méthode Montessori dans son établissement. Elle intervient également au sein des différents services tels que l'Ehpad classique, l'unité protégé Alzheimer (UP), l'unité pour personnes handicapées vieillissantes (UPHV) ou encore le pôle d'activités et de soins adaptés (Pasa).

François Bayrou : né le 25 mai 1951 à Bordères dans les Pyrénées-Atlantiques, François Bayrou étudie la littérature et obtient l'agrégation de lettres classiques en 1974. Un temps enseignant, il s'engage très tôt en politique, dans le Béarn puis à l'Assemblée nationale, qu'il rejoint en tant que député des Pyrénées-Atlantiques en 1986, et où il siégera jusqu'en 2012. Il est nommé, en 1993, ministre de l'Éducation nationale, de l'enseignement supérieur, de la recherche et de l'insertion professionnelle par Édouard Balladur, un poste qu'il occupera jusqu'en 1997. Il préside également le conseil général des Pyrénées-Atlantiques de 1992 à 2001 et siège au Parlement européen de 1999 à 2002. Il s'est présenté à l'élection présidentielle en 2002, 2007 avec l'UDF, puis en 2012 avec le Mouvement démocrate (MoDem), parti fondé cinq ans plus tôt et qu'il préside encore aujourd'hui. En 2014, il devient maire de Pau pour la première fois, poste auquel il est réélu en 2020. Soutien d'Emmanuel Macron lors de la campagne présidentielle de 2017, il est nommé garde des Sceaux, ministre de la Justice par Édouard Philippe. Le 3 septembre 2020, il a été nommé Haut-commissaire au Plan par le président de la République. Depuis le 8 septembre 2022, il assure le secrétariat général du Conseil national de la refondation.

Zoé Bocquet est actuellement étudiante en littérature anglaise. Elle a précédemment suivi deux ans de formation d'infirmière, dont elle tire une expérience et un diplôme d'aide-soignante. Elle a également fait de l'animation dans l'établissement Jacques-Bonvoisin, où elle mêlait activités et écoute des résidents. C'est un Ehpad dont elle reste proche, étant petite-fille de résident.

Éva Claises est agent de bionettoyage à l'Ehpad « La Mésangerie » de Maule (Yvelines) depuis février 2022. Elle est détentrice d'un certificat d'aptitude professionnelle et d'un brevet professionnel d'esthétique cosmétique. Trop jeune pour ouvrir sa propre entreprise, elle décide d'occuper un emploi de lingère en Ehpad. Se découvrant une passion pour le milieu de la gérontologie, elle multiplie les expériences professionnelles dans ce domaine en tant que lingère, hôtelière, agent de soin, agent de bionettoyage, au sein de structures privées, publiques ou à domicile depuis plus de dix-neuf ans. Elle décide de rester agent de bionettoyage afin de conserver le contact et les temps d'échanges avec les résidents. Elle participe au déploiement de la méthode Montessori au sein de son établissement.

Dominique Coudreau, diplômé de l'IEP Paris et de l'École nationale d'administration, est président du Conseil d'administration de la Fondation Partage & Vie depuis 2016. Il a effectué sa carrière dans des postes de responsabilité du secteur de la santé, alternativement dans le public et le privé. Conseiller maître à la Cour des Comptes de 2003 à 2006, il a exercé par la suite des fonctions de consultant auprès d'entreprises publiques et privées du secteur santé et médico-social.

Aurélie Daireaux, diplômée de l'université de Caen en 2002, est psychologue du développement de l'enfant et de l'adolescent. Passionnée par les neurosciences et la psychanalyse, elle débute sa carrière au sein d'un Ehpad spécialisé dans les maladies neurodégénératives, à Montmartin-sur-Mer (Manche). En 2008, elle intègre l'Inserm de Caen, puis l'année suivante le service de recherche clinique du Centre de lutte contre le cancer François-Baclesse, où elle participe pendant quatre années à des essais cliniques sur le thème du *chemobrain* (effets de la chimiothérapie sur la mémoire). Dans ce cadre, elle a animé quatre conférences à Montréal et reçu le prix Roche. Elle a par la suite travaillé au sein d'un centre de rééducation avec des patients atteints de lésions cérébrales à Bayeux, dans un Établissement et service d'accompagnement par le travail (Esat). En 2015, elle intègre le milieu universitaire, où elle exerce comme psychothérapeute (d'inspiration psychanalytique) auprès des étudiants. Depuis 2023, elle exerce comme psychologue clinicienne au sein d'une structure qui accompagne les adultes porteurs d'un handicap, tout en travaillant également à l'Ehpad de Cerisy-la-Forêt (Manche).

David Foenkinos : né en 1974, auteur de dix-neuf romans, traduits en plus de quarante langues. Au cinéma, David Foenkinos a notamment adapté, avec son frère, son propre roman *La Délicatesse*, avec Audrey Tautou dans le rôle principal, puis a par la suite réalisé *Jalouse*, avec Karin Viard, et *Les Fantasmes*, avec Monica Bellucci. En 2011 paraît *Les Souvenirs*, roman dont l'une des personnages est résidente d'une maison de retraite. En 2014, est publié *Charlotte*, un récit évoquant le destin tragique de la peintre Charlotte Salomon (prix Renaudot et prix Goncourt des lycéens), adapté en janvier 2024 à la Seine musicale. Son roman *Le Mystère Henri Pick* a été adapté au cinéma avec Fabrice Lucchini et Camille Cottin dans les rôles principaux. Il est par ailleurs auteur de plusieurs pièces pour le théâtre. Son dernier roman, *La Vie heureuse*, vient de paraître chez Gallimard.

Fabrice Gzil est professeur associé de philosophie et d'éthique à la faculté de médecine de l'université Paris-Saclay. Il est membre de l'équipe « Recherches en éthique et en épistémologie » du CESP (Inserm/Paris Saclay). Il codirige l'Espace éthique Île-de-France et l'Espace national de réflexion éthique sur les maladies neuroévolutives. Il est aussi membre du Comité consultatif national d'éthique. Après une thèse de doctorat pour laquelle il a reçu en 2008 le prix « Le Monde » de la recherche universitaire, Fabrice Gzil a travaillé pendant près de dix ans dans une fondation reconnue d'utilité publique dédiée à la maladie d'Alzheimer. Il est notamment l'auteur de *Maladie d'Alzheimer. Problèmes philosophiques* (Puf, 2009) et de *La Maladie du temps* (Puf, 2014). Outre le vieillissement cognitif et les maladies neuroévolutives, Fabrice Gzil s'intéresse aujourd'hui à l'ensemble des questions de philosophie et d'éthique en santé, notamment au respect de l'intimité dans le soin, à la prise de décision en réanimation, à la fin de vie, à la recherche biomédicale et au développement de thérapeutiques innovantes, ainsi qu'aux modalités d'allocation des ressources rares. Il s'intéresse plus particulièrement à la notion d'autonomie et à ses multiples usages dans les secteurs sanitaire, social et médico-social, des soins de santé à la protection juridique des majeurs.

Claude Jeandel : professeur de médecine interne et de gériatrie, coordonnateur du département de gériatrie du CHU de Montpellier, il préside le Conseil national professionnel des gériatres français. Habilité à diriger des recherches, il est l'auteur de plus de 250 publications scientifiques internationales. Directeur de l'École de gérontologie et de deux masters de gérontologie (à l'université de Montpellier), il est auteur des deux livres blancs de la gériatrie française. Diplômé de l'Executive Master « Gestion et politiques de santé », il est chargé d'enseignement à Sciences Po Paris. Administrateur de la Fondation Partage & Vie, puis membre du directoire, il y assure depuis 2020 les fonctions de conseiller médical. Auteur de plusieurs rapports ministériels dont *13 mesures pour améliorer la prise en soin des résidents en Ehpad* (2009), *Parcours de santé des personnes âgées en risque de perte d'autonomie (PAERPA)* (2012), *Ehpad et USLD : 25 recommandations pour une prise en soins adaptée des patients et résidents afin que nos établissements demeurent des lieux de vie* (2021), il est distingué de la Légion d'honneur et officier dans l'Ordre national du mérite. Il est par ailleurs vice-président du Conseil scientifique de la Caisse nationale de solidarité pour l'autonomie (CNSA).

Delphine Langlet : agrégée de lettres modernes, titulaire d'un DEA de lettres modernes portant sur la marche dans la poésie contemporaine (*La Canne et la Plume*), diplômée du programme Grande école d'HEC Paris, majeure management public, Delphine Langlet a commencé sa carrière à l'Éducation nationale en tant que professeure agrégée de lettres modernes dans le secondaire et en classes préparatoires. Elle a, ensuite, travaillé au sein du ministère de l'Innovation en Grande-Bretagne (Department for Business, Innovation and Skills), puis pendant huit ans à BearingPoint, un cabinet de conseil en stratégie et management. Elle y a notamment réalisé le pilotage opérationnel et stratégique de projets, développé une expertise thématique sur le champ du bien vieillir : études prospectives, mise en œuvre et déploiement de transformations, conception et préparation au déploiement de nouvelles offres de services, animation du centre de compétence « bien vieillir/silver economy » de BearingPoint. En 2018, elle rejoint la Fondation Partage & Vie d'abord pour élaborer le projet stratégique « À nous le soin ! », puis assurer la fonction de directrice de la gouvernance, de l'organisation et de la stratégie. En mai 2023, elle est nommée directrice générale de Partage & Vie.

Geneviève Mannarino est éducatrice de jeunes enfants, diplômée depuis 1978. D'abord éducatrice à Font-Romeu, elle enseigne ensuite en maternelle et en primaire, avant d'obtenir un CAP institutrice en 1986. En 1999, elle devient directrice d'établissement scolaire dans le Nord. Entre 2006 et 2008, elle est directrice du Valenciennes Université Club. Collaboratrice au Sénat entre 2011 et 2015, elle conseille notamment l'Observatoire de la décentralisation et de l'action sociale (ODAS) ou le président du Conseil de la Caisse nationale de solidarité pour l'autonomie (CNSA). Engagée en politique, elle est adjointe au maire de Valenciennes entre 2008 et 2020, vice-présidente du département du Nord en charge de l'autonomie entre 2015 et 2021, membre de la commission des affaires sociales de l'Assemblée des départements de France (ADF) et représentante de l'ADF à la CNSA entre 2015 et 2021. Elle est actuellement conseillère municipale à Valenciennes.

Lionel Naccache est neurologue et chercheur en neurosciences cognitives, chef du service de neurophysiologie clinique à l'hôpital de la Pitié-Salpêtrière (AP-HP) et professeur à Sorbonne-Université. Il dirige une équipe de recherche à l'Institut du cerveau de Paris. Ses recherches explorent la conscience et la subjectivité. Il est le coauteur de l'une des principales théories neuroscientifiques de la conscience et conduit des investigations expérimentales utilisant divers outils de neurosciences cognitives chez des participants sains et chez des malades. Il a notamment découvert la richesse et les limites de la cognition inconsciente, les mécanismes de la prise de conscience et les profondes influences conscientes sur les processus et représentations inconscients. Ses travaux lui ont également permis d'améliorer l'exploration des patients atteints de divers troubles de l'état de conscience (par exemple du coma aux états végétatifs ou pauci-relationnels) ou de l'accès conscient. Il a été membre du Conseil consultatif national d'éthique pour les sciences de la vie et de la santé (CCNE, 2013-2022). Outre ses activités académiques et cliniques, il construit également un regard contemporain sur la subjectivité et la conscience à travers l'écriture. Il est l'auteur de dix ouvrages dont *Le Nouvel Inconscient*, *Le Cinéma intérieur* et *Apologie de la discrétion* (Odile Jacob, 2006, 2020, 2022).

Colette Roumanoff, diplômée de Sciences Po Paris en 1961 et licenciée en droit en 1962, a travaillé comme journaliste et experte économique. À partir de 1987, elle met en scène les spectacles de sa fille, Anne Roumanoff, et écrit pour le théâtre. Elle dirige également une compagnie de théâtre parisienne. Depuis 2009, elle intervient lors de conférences d'ateliers pour aidants et soignants autour du thème de la maladie d'Alzheimer. En 2014, elle écrit avec sa fille Valérie Roumanoff la pièce *La Confusionite*, pour changer de regard sur la maladie. Elle a écrit plusieurs livres, dont *L'Impermanence heureuse* (Éditions du Relié, 2023).

Ce volume est publié sous la direction de :

Jean-Yves Dayt : après des études universitaires en administration économique et sociale (maîtrise AES) complétées par une certification professionnelle en qualité de dirigeant de l'économie médico-sociale (DEMS niveau 7), Jean-Yves Dayt a été directeur d'un centre d'alcoologie en début de carrière. Depuis 2003, il travaille pour la Fondation Partage & Vie. Il dirige deux Ehpad et habitats inclusifs (Yvetot et Duclair en Seine-Maritime). Il s'est particulièrement intéressé aux questions d'autonomie, de dépendance et d'isolement des publics fragilisés. Il a notamment promu la philosophie Montessori comme support d'accompagnement des personnes âgées et handicapées dans ses établissements.

Roger-Pol Droit, philosophe et écrivain, normalien, agrégé de philosophie, docteur et habilité à diriger des recherches, a été chercheur au CNRS, directeur de séminaires à Sciences Po, membre du Comité consultatif national d'éthique, conseiller spécial du directeur de l'Unesco et membre de l'Académie universelle des cultures. Spécialiste des relations de la culture occidentale et des cultures non européennes, il est l'auteur d'une quarantaine de livres, traduits en trente-deux langues, qui se répartissent entre travaux de recherches (sur la découverte européenne du bouddhisme et sur la représentation des barbares des Grecs à nos jours), ouvrages de pédagogie (*L'Éthique expliquée à tout le monde*, Seuil, 2009 ; *Une brève histoire de la philosophie*, Flammarion, 2008, « Champs », 2010 ; *Voyage dans les philosophies du monde*, Albin Michel, 2021) et essais personnels (*101 expériences de philosophie quotidienne*, Odile Jacob, 2001, Prix de l'essai France Télévisions). Il est également romancier (*Monsieur, je ne vous aime point. Voltaire et Rousseau, une amitié impossible*, Albin Michel, 2019, prix Montesquieu) et auteur, avec Monique Atlan, de plusieurs essais sur les mutations contemporaines, notamment *Le Sens des limites* (Éditions de l'Observatoire, 2021). À son travail universitaire et personnel, il a conjugué toute sa vie un travail de journaliste. Chroniqueur au *Monde*, aux *Échos*, il intervient régulièrement dans *Le Point* et *L'Express*. Depuis 2019, il est conseiller pour la réflexion éthique de Partage & Vie, dont il conduit les travaux. www.rpdroit.com

Noémi Poirier : ses études en sciences politiques ont été ponctuées de voyages dans les Caraïbes, dans le cadre d'un partenariat entre Bordeaux, la Martinique et la Jamaïque. Après avoir obtenu une licence de droit mention sciences politiques, Noémi Poirier s'est tournée vers le monde du soin, en travaillant en tant qu'infirmière. Elle s'est alors spécialisée en diabétologie par le biais d'un diplôme universitaire. Ce parcours l'a amené à développer un attrait pour le management et l'organisation des soins, c'est pourquoi elle a exercé quatre ans au sein de fédérations d'employeurs du secteur privé à but non lucratif.

Diplômée d'un master en management des organisations sociales, elle est actuellement responsable de site de la résidence L'Archipel de la Fondation Partage & Vie depuis 2020.

Remerciements

Nous tenons à exprimer notre plus vive reconnaissance à celles et ceux qui ont contribué, au sein de Partage & Vie, à rassembler les éléments de ce livre par leurs enquêtes au sein des établissements, et leur participation aux temps d'échanges organisés à partir des questions et des expériences qui font leur quotidien.

Nous remercions particulièrement les personnes qui ont permis de réaliser ce cinquième volume de la Bibliothèque de Partage & Vie, notamment Catherine Schwartz, directrice de la communication et toute son équipe.

Au magazine *Le Point*, partenaire des Estivales, nous adressons nos remerciements à Sophie Gournay, directrice des événements, de la communication et des partenariats, Marie Arques, responsable marketing et communication, Mélissa Cellier, chargée de communication, Anne Jeanblanc, journaliste qui a conduit les tables rondes, Clémence de Ligny qui a consacré plusieurs articles aux questions traitées dans ce livre, et à Étienne Gernelle, directeur du journal.

Notre gratitude va à César Perpignaá, qui a bien voulu mettre sa grande compétence de correcteur au service de la mise au point des textes, et aux Presses universitaires de France, notamment à l'équipe en charge de la conception éditoriale, au service de fabrication et au service de presse, pour leur professionnalisme.

La bibliothèque
Partage & Vie aux Puf

Cette série de volumes, dont le premier est paru en 2020, a pour vocation de rassembler des ensembles de témoignages, analyses, réflexions et propositions centrées sur les différents thèmes liés à l'éthique de l'accompagnement quotidien des personnes fragiles.

VOLUME 1
ÉTHIQUE DU GRAND ÂGE
ET DE LA DÉPENDANCE (2020)
Sous la direction de Dominique Monneron
et Roger-Pol Droit

Préface, Dominique Monneron
Crise et discernement, Roger-Pol Droit

Témoignages sur la vie en Ehpad au temps de la Covid
- *La sœur résidente et le cousin philosophe*, Denise Maréchal et Pierre-Henri Tavoillot
- *Je protège, donc je nuis ? Lettre d'une directrice d'Ehpad*, Lynda Gaillard-Tersin
- *Les gestes et le toucher*, Hakim Belkacem

- *Quand notre peur de la mort nous fait oublier leur vie...* Marie-Odile Vincent

Fin de vie dans la pandémie
- *Fin de vie confinée en Ehpad*, Didier Sicard
- *Enjeux éthiques et accès aux soins à la lumière de la Covid*, Claude Jeandel
- *Survivre sans contact ?*, Claudine Tiercelin

À la recherche de solutions
- *Enfermement et vulnérabilité*, Corine Pelluchon
- *La fin de vie, la souffrance temporelle et comment y répondre*, Frédéric Worms
- *Comment écouter autrement les malades d'Alzheimer en temps de Covid*, Véronique Lefebvre des Noettes
- *Soutien à l'autonomie des personnes âgées ou en situation de handicap : quelques éléments de réflexion*, Alain Cordier
- *Éthique de la vie en Ehpad*, Axel Kahn

Du vieillissement et de la résilience
- *Qu'est-ce que vieillir ? Huit questions importantes pour comprendre le vieillissement*, Yves Agid
- *Résilience au cours de la vieillesse*, Boris Cyrulnik

Au risque des discriminations
- *L'âge pour mourir au temps de la Covid*, Monique Canto-Sperber
- *Le risque discriminatoire de l'âge*, Marie de Hennezel
- *Le prix de la vie contre la valeur de l'existence*, Pascal Bruckner
- *La mise à l'épreuve*, Dominique Monneron

VOLUME 2
VIE BONNE ET GRAND ÂGE (2021)
Sous la direction de Roger-Pol Droit
et Claude Jeandel

Vivre jusqu'au bout, *préface* de Dominique Monneron

Qu'est-ce que la vie bonne ?
- Une question simple, en apparence seulement...
- *Vie bonne et âges de la vie,* entretien avec Luc Ferry
- *Vie bonne des Anciens, vie bonne des Modernes,* entretien avec Francis Wolff
- *Les aventures d'une exigence,* Roger-Pol Droit

Le bonheur en Ehpad ?
- Le sens d'une démarche
- *La vie bonne en Ehpad ?*, Dominique Gerbi
- *Quels critères ? Quelle attitude ?*, Adeline Dhulst
- *Évolution des mentalités, des pratiques, des projets*, Thomas Gueant
- *Témoignage et réflexions d'un fils de résidente*, Philippe Annet
- *Quelques leçons à tirer*, Francis Wolff
- *La vie bonne en Ehpad : utopie ou invitation à l'audace ? De la réalité des limites à la recherche de solutions*, Claude Jeandel

Pistes pour agir
- Initiatives, expériences, projets
- *Comment améliorer la prise en charge des personnes âgées sans faire trop d'erreurs ?*, Yves Agid
- *L'histoire de Juliette*, Jean-Yves Dayt, Sophie Gagelin

- *Après la crise : un retour à la valeur fondamentale de liberté ?*, Anne-Laure Dubois, Dr Christine Passerat
- *L'intergénérationnel contre l'âgisme*, Véronique Levieux
- *Un grand et nécessaire chambardement*, Agnès Firmin-Le Bodo
- *Sur le chemin de la vie bonne*, Dominique Monneron
- *L'effort à poursuivre*, postface de Claude Jeandel

Annexes
- *Éthique de la vie en Ehpad*, Axel Kahn
- Partage & Vie et ses travaux de réflexion éthique

VOLUME 3
DROIT, ÉTHIQUE
ET DÉPENDANCE (2022)
Sous la direction de Roger-Pol Droit
et Karine Lefeuvre

Construire à plusieurs, introduction de Roger-Pol Droit

AU QUOTIDIEN, tensions vécues
entre le droit et l'éthique : témoignages et réflexions
- La règle et l'exception
- *L'entrée en Ehpad, premier indicateur du niveau de considération des droits des résident(e)s*, Séverine Laboue
- *Quel consensus entre droit et éthique en Ehpad ? Une directrice face à la question des libertés en temps de crise sanitaire*, Sophie Malapel
- *Vie affective et sexuelle, entre consentement et incertitude*, Florence Bernard

- *Témoignage sur les dialogues au quotidien avec les familles*, Catherine Bourlet
- *N'oublions pas les aidants ! D'une expérience personnelle à la compréhension d'une question sociale*, Nathalie Levy
- *Éthique et droit en situation de dépendance : de la limite des limitations ou les limites de nos capacités en situation incertaine. Illustration à partir de deux situations concrètes*, Claude Jeandel

DU CÔTÉ DES LOIS :
Évolutions du droit, questions à résoudre

- Comprendre le droit comme une science humaine
- *Le vrai rôle du droit, l'esprit des lois, les arbitrages*, Anne Caron-Déglise
- *Le droit est une science humaine. Une évolution du droit positif guidée par l'intérêt supérieur du résident*, Nathalie Jauffret

QUELLES PERSPECTIVES ?
Diagnostics, propositions

- Présentation. Faire coexister éthique et droit
- *Accompagne-t-on bien en Ehpad en respectant le droit ?*, Didier Sicard
- *Quand le devoir se heurte au droit*, Paul Audi
- *Entre droit à mourir et droit à s'épanouir*, Anne-Lyse Chabert
- *Relancer la réflexion éthique en établissement pour mieux comprendre le rapport au droit*, Karine Lefeuvre
- *Pour un droit du grand âge conforme à l'éthique*, Dominique Monneron

VOLUME 4
SAVOIRS, ÉTHIQUE ET GRAND ÂGE (2022)
Sous la direction de Delphine Langlet
et Roger-Pol Droit

Expériences, éthique et représentation, introduction de Delphine Langlet et Roger-Pol Droit

Découvertes en terre inconnue
- Avec les autres et avec soi-même
- *Parcours et expérience d'une aide-soignante*, Joëlle Aufresne
- *« Pour accompagner, la confiance se construit et s'entretient »*, entretien avec Dana Jourde
- *À la recherche du temps de la vie. Dialogue entre générations*, Delphine Langlet et Jeannine Pépillo

Savoirs indispensables
- Savoirs, limites et éthique
- *Mieux connaître pour mieux prendre soin*, Claude Jeandel
- *Le paradoxe de la médecine du sujet âgé*, Yves Agid
- *Que devrait-on savoir sur la vieillesse*, Geneviève Delaisi de Parseval

Préjugés à dissoudre
- Idées et générations en mouvement
- *« La rencontre des vieux et des jeunes est essentielle pour tous »*, Perla Servan-Schreiber
- *L'avenir des vieux appartient aux jeunes*, Anna Perraudin

- *Vieillir, est-ce mourir par morceaux ?*, Éric Fiat
- *Idées qui freinent, idées qui aident*, Roger-Pol Droit

Conclusion, de Dominique Monneron
Une année de travail éthique, échanges avec des résidents, des proches et des professionnels de Partage & Vie

Table

PRÉFACE. Au plus près du métier et des résidents
Dominique Coudreau 7

INTRODUCTION. Pourquoi la mémoire ?
Roger-Pol Droit, Jean-Yves Dayt et Noémi Poirier 9

PREMIÈRE PARTIE

Paroles de professionnels

FACE À CEUX QUI NE SE SOUVIENNENT PLUS 21

MOMENTS DE VIE. Quand la mémoire s'échappe 25

LA SENSIBILITÉ DU SOIGNANT EST L'UN DE SES PRINCIPAUX OUTILS DE TRAVAIL
Aurélie Daireaux 37

VERBATIM. Une multitude de situations 45

LA QUESTION À POSER EST CELLE DU BONHEUR
Entretien avec David Foenkinos 55

DEUXIÈME PARTIE

Mécanismes de la mémoire

COMPRENDRE POUR MIEUX AIDER 67

AU SEIN DE NOS MÉMOIRES, LA MÉMOIRE ÉPISODIQUE EST PROJECTIVE ET ANCRÉE DANS NOS DÉAMBULATIONS
Lionel Naccache 71

« ACCOMPAGNER CEUX QUI SONT PERDUS DANS LE TEMPS, EN SACHANT QU'ILS ONT LES MÊMES BESOINS QUE NOUS TOUS »
Entretien avec Fabrice Gzil 89

TROIS REMARQUES SUR LES PHILOSOPHES ET LA MÉMOIRE
Roger-Pol Droit 99

TROISIÈME PARTIE

Comment mieux accompagner ?

L'INVENTION ET LA TÉNACITÉ 113

« LA MALADIE D'ALZHEIMER BOUSCULE
AUTANT LA SOCIÉTÉ QUE LES PERSONNES
QUI EN SONT ATTEINTES »
Entretien avec Colette Roumanoff 119

QUELQUES CONSEILS POUR MIEUX
ACCOMPAGNER LE GRAND ÂGE
Laurence Ah Sang 129

QUAND NOS MÉMOIRES S'ÉLOIGNENT
NOS ÉMOTIONS DEMEURENT. À propos
de certaines interventions non médicamenteuses
à promouvoir en Ehpad
Claude Jeandel 135

PISTES DE SOLUTIONS SUGGÉRÉES PAR
LES LECTEURS DU *POINT* ET LES PROFESSIONNELS
DE PARTAGE & VIE 147

POUR UNE PERSONNE ÂGÉE
PLEINEMENT CITOYENNE
Geneviève Mannarino 153

LES CHEMINS DE LA MÉMOIRE
François Bayrou 157

ÉPILOGUE ET SOLUTIONS
Delphine Langlet 165

LES CONTRIBUTEURS À LA RÉFLEXION ÉTHIQUE
DE PARTAGE & VIE EN 2024.................................. 173

LES AUTEURS 179

REMERCIEMENTS 191

LA BIBLIOTHÈQUE PARTAGE & VIE AUX PUF...... 193

Composition et mise en pages
Nord Compo à Villeneuve-d'Ascq